社会的経済の促進に向けて

「社会的経済」促進プロジェクト／編

もう一つの構造改革〈市民・協同セクター〉の形成へ

同時代社

目次

はじめに――石毛えい子…4

日本社会改革の政治テーマに――小塚尚男…6

社会的経済とは何か――その理論的深化のために

統治方式の変化と
社会関係資源に着目した展開を――宮崎　徹…10
――新たに３つの視角からの検討が必要

ヨーロッパ社会的経済の
新しい動向――宮本太郎…16

グローバリゼーションと
「社会的経済」――粕谷信次…34
――グローカルな、新たな「公共性」を求めて

日本における社会的経済の諸組織――現状と展望

日本のNPOの現状と
セクター形成の展望――山岡義典…66

千葉でのNPOの現状と
セクター形成――牧野昌子…80

農業危機と地域再生――桜井　勇…84
――地方における「社会的経済」の必要性

ワーカーズ・コレクティブの
現状と法制化運動――藤木千草…97

これからの生協の共益・公益活動——藤岡武義… 113

社会的経済の視座と
生協の「共益・公益」活動の意味——橋本吉広… 126

労金の活動と地域再生——町田有三… 133
——生活者のサポーターとしての役割

労金の地域再生に向けた
金融のあり方——柴田武男… 146
——「勤労者福祉金融機関」の現代的再生を

女性・市民バンクの
融資の審査基準——一色節子… 157

フォーラム

地域社会における
共助システムの構築へ——鷲尾悦也… 168

協同組合勧告やディーセントワーク——堀内光子… 175
——政府・民間・国際機関の見直しへ

官治型社会をつぶす——仙谷由人… 179
——寄生虫のたかる構造の打破を

おわりに——柏井宏之… 185

はじめに

もう一つの構造改革
——協同セクターの形成にむけて

石毛えい子

（衆議院議員　民主党市民・子ども政策担当ネクスト大臣　民主党ＮＰＯ局長）
〈特非〉市民がつくる政策調査会理事会幹事

もう一つの構造改革—協同セクターの形成にむけて

公益法人「改革」がすすめられようとしている。当初、2003年度中にとりまとめられる筈であった「公益法人制度改革大綱」は、ＮＰＯ法人も含めて原則課税化が伝えられたために、多くの批判の声があがり一旦は頓挫したかのように見えた。その後ふたたび６月に「公益法人制度の抜本的改革に関する基本方針」が閣議決定されたが、財団法人、社団法人を準則主義により簡便に設立できる非営利法人とするというその方針の背後には、依然として原則課税のねらいが透けて見え、やがてはＮＰＯ法人の組み込みを否定していない。

そこには市民が地域コミュニティに貢献するという、ＮＰＯが持つミッションへの認識はまったくうかがえず、在るのは課税源の拡大とその上での税制優遇対象法人の確定に関する官による操作である。

地球上を被いつくす商品化、経済のグローバル化は、地域共同体、家族共同体、企業共同体の破壊と対の関係にある。食の供給と安全は脅やかされ、少子高齢化は子どもの育ちや介護を危うくし、生涯の生活を保障するかに思えた雇用もリストラの波に洗われている。財政の脆弱化は、安心を約束するはずの福祉国家体制を揺るがしている。

こうした状況において、疎外された側からの共助、協同の関係の構築が始められてきている。私の関係する福祉の領域でいえば、ワーカーズコレクティブやＮＰＯによる〈たすけあい〉の活動であり、市民自身によるサービスの供給は老いの価値の発見、障害当事者のミューチアル・サポートなど、ユーザーが発信する価値を共有する関係として構築されているところに、特質を持つ。

自覚した市民による社会的実践は、食の安全の確保、環境の再生、仕事起こし、国際的な地域交流、等々と多岐にわたって広がっている。

官支配の公益法人「改革」、小泉流民活化に抗して、市民による社会的実践としての協同セクターの社会化を、もう一つの構造改革としてぜひとも推進したい。

このかん、市民がつくる政策調査会は、市民セクター政策機構、参加型システム研究所との協働により「社会的経済」促進プロジェクトでの議論を重ねてきた。市場経済万能、弱者を排斥していく社会ではなく、市民がコントロールし協同による社会的経済を構築するための営みとしてである。多くの皆様からご意見を賜われば幸いです。

日本社会改革の政治テーマに

社会的経済促進
プロジェクト座長
小塚尚男
(市民センター政策機構理事長)

最初に、第１回目でもありますので、私のほうから、なぜいま「社会的経済」を促進するのかという、この研究会をつくった目的について一言ふれてみます。

「社会的経済」というのはいまに始まったことではありません。日本でも「社会的経済」というものが入ってきて本格的に研究会が始まったのは、すでにもう15年ぐらいになるでしょうか。たとえば、現在聖学院にいらっしゃる、当時一橋大学教授であった富沢賢治さんを中心に、あるいは関西では立命館の川口清史さんを中心に、「社会的経済」の紹介が行われました。そして、その研究のなかで「社会的経済」という呼び名を「非営利・協同セクター」と名前を変えて２冊の本を出されています。

ご存知のように、「社会的経済」というのはヨーロッパではかなり一般的な通念でありまして、とくにフランスを中心に広まっており、簡単に言いますと、協同組合＋非営利組織（ＮＰＯ）というものが「社会的経済」の実態であります。これに共済組織というものが入ります。

このことは、ヨーロッパのなかではすでに今世紀の初めからひとつの運動として定着してきたわけですが、あらためて政治の舞台に登場してきたのは、1970年から80年にかけてで、フランスのなかで「社会的経済」ということが言われました。その後、そのことはスペインの国会でも、イタリアの国会でも取り上げられ、ヨーロッパに広く「社会的経済」というものが広がりました。

ドイツだけが「社会的経済」というものを使っておりませんが、中央から南部にかけてのヨーロッパの諸国では、「社会的経済」という概念が広まっておりまして、ＥＵが出来たときに、「社会的経済局」というものが第23総局の中に出来たくらいであります。その後、ＥＵは組織変えをしまして、「社会的経済局」というのはなくなりましたが、それでも「社会的経済」というものはかなり定着したものとして広まっていると考えられるのではないかと思います。

ひるがえって日本では、「非営利・協同セクター」というふうに変えたように、また私たちは「市民・協同セクター」と呼んでいますが、どうも「社会的経済」という理解が大変弱い。いま「社会的経済」をここであらためて先達の人々の研究の上に立って取り上げて研究をしようとしたのは、今日の日本の経済のあり方、あるいは「平成大不況」といわれてすでに久しいわけですけれど、経済危機（クラッシュ）ということが言われて、とくに３月期と言われている、その３月にちょうど来ているわけです。

失業率もすでに５％を超えている。ヨーロッパ並みの統計でいうと、実質10％ぐらいではないかということもいわれています。

ヨーロッパに行きますと、「社会的経済」をやっている人々は、「われわれは景気が悪くなると非常に前進するのだ」と言っている。「みんながわれわれのところに集まってきて、そして景気が良くなるとどうもわれわれはうまくないんだ」ということを言っていますが、「社会的経済」というものが市場経済や税金セクターとも違い、経済の一種のセーフティネット的なものを占めている。それは協同組合であり、非営利組織であって、ある意味では国の雇用を支えたり、国の社会の一部を活性化することを支えているわけです。

日本のなかでも、これを機会に先達たちが研究したものがなるべく日の目を見るようになり、そして、日本の政治とか社会のなかで具体的に現実化し、一つの地位を占められるようにできたらいちばんいいのではないかと思った次第です。

そういうわけで、まだまだでありますので、これから呼び掛けを広げて、諸団体および学者の先生方にも協力していただき、衆議院の議員会館の中で石毛えい子議員の協力をえて公開研究会を開いて、政治家の皆さんにも参加し、議論していただきたいと思っております。これを機会に日本社会改革の政治的なテーマになってくれると、これほどうれしいことはないと思います。

社会的経済とは何か
——その理論的深化のために

統治方式の変化と社会関係資源に着目した展開を
——新たに３つの視角からの検討が必要
宮崎　徹

ヨーロッパ社会的経済の新しい動向
宮本太郎

グローバリゼーションと「社会的経済」
——グローカルな、新たな「公共性」を求め
粕谷信次

統治方式の変化と社会関係資源に着目した展開を

——新たに3つの視角からの検討が必要

宮崎　徹

（国民経済研究協会）

私は国民経済研究協会というところで景気の予測と産業の研究をやってきたものですから、協同組合とか協同組織、「社会的経済」については門外漢というか、素人なわけですが、これから研究プロジェクトを発足させるに当たり、まず君が勉強しておくようにという意味でお鉢が回ってきたと理解しております。「業界」の外から見たほうがよく見える点も多少あるかと思いますので、そういう立場でやらせていただきたいと思います。先行研究を踏まえたつもりでお話しさせていただきます。

●もっとクリアな分析を

まず、われわれはどういう点を今後問題にしていったらいいのかということについて、私の簡単な見解を３点について述べさせていただきたいと思います。

第１点は、なぜ、いま「社会的経済」なのかをもっとクリアに分析すべきではないかということです。

社会的背景として経済的要因から文化的要因まで、いろいろな事実があります。それらを羅列的に整理して、全体としての流れとしてはこうだろうというだけでは、説得力に乏しいのではないかという気がしますので、われわれが研究する場合には、なぜ「社会的経済」なのかをもっとクリアに分析したいと思います。

それをいまの段階では十分に言うことはできませんが、この間のグローバリゼーションとか、市場主義によって社会が分裂するという危機が一方にあり、他方で市民パワーの台頭があって、ここでいう「社会的経済」がリアルな問題として出てきているんだという点を、もっと詳しく分析したいと思うわけです。

次に、資本主義一般の悪弊とか、市場の失敗といった一般論だけではなくて、歴史的に80年代以降の市場主義、新自由主義とは何だったのかということも、きっちり分析しておかなければならないという感じがいたします。

たとえば、80年代以降の新自由主義は、簡単に一言で言うと、「政治や社会的なもの」が経済に加えてきた負荷を取り除こうとしてきたということが中心です。政策的には、一方で市場化の推進、規制緩和や民営化をやって、他方ではそれだけではなくセルフヘルプとか、自治や自己統治を政府が進めるという政策として展開されてきたのではないか。ですから、ひとつの総合的な統治方式が新たに生まれつつあるというか、世界的にガバナンスの変化が来ているということを睨んでおく必要があると思うのです。つまり、「市場主義を経ての統治方式の転換がヨーロッパでは先駆的に起こっている」ということです。

それはgovernance of governance（統治の統治）というふうに言われておりまして、個人やコミュニティは統治の客体である以上に自己統治の主体であって、政府の統治はそうした自己統治を鼓舞・促進するという形をとるようになってきているわけです。

以前のように、福祉国家で直接的に政府が介入して手を出すというのでなく、自己統治をさせながら、言葉は悪いですが、鵜匠のように鵜を動かして、引き締めるところは政府が引き締めるというようなかたちに、統治方式が洗練されてきたというか、変化してきているということがポイントではないかと思います。そして、その動きを逆手にとることができる可能性もけっこう大きいのです。

●社会の中への再包摂

それはOECDの標語などで言うと“from welfare state to active society”（「福祉国家から能動的な社会へ」）ということで、イギリスで行われているように、失業に対して単に手当を出すのでなく、失業者に教育投資をして教育を受けさせ、もう一回社会のなかへ包摂するというか、再統合するような政策にも反映しています。

図式的に言うと、中央政府主導の上からの分割統治型の再編成か、あるいは市民主導の下からの分権的再編成か、いまは時代的にそういう分かれ目に来ているのではないかというわけであります。

分権的な再編成について補足すると、公共的サービスをいろいろ政府が財政的な行き詰まりでアウトソーシングするということで、下請け的な要素も出てきますが、それをポジティブにＮＰＯなどが受けとめてうまく展開していけば、権限、権力、お金などを分権的な方向にもっていけるし、その根拠としては、そういうサービスはみんなにより近いところのほうがいいんだというふうな議論でいけるということです。

ですから、かつての古い福祉サービスも、もっときめ細かいサービスが必要だという新しい福祉ニーズも、ＮＰＯとかボランタリー組織が担い得るような可能性が広がってきているということがあると思うのです。

そういう意味で、１番目の論点としては、統治とか社会統合の方式の大きな変化のなかで、いまなぜ「社会的経済」なのかをもっとクリアに分析する視点が必要だということになります。

●未来の展望から

第２点は、「社会的経済」をもっと未来と過去の両面にわたる長期的展望のなかに位置づける必要があるのではないかということです。

一つは未来の展望からという点です。

たとえば消費社会の変容は、かつてはモノ自体の使用価値で豊かさを感じ、享受していましたが、最近は、モノに付与された意味とかイメージを豊かさとして消費するとか、教育とか福祉のウエイトが高まり、そこでは時間そのものを消費するようなかたちになってきている。昔のモノが中心にあった消費社会の時代にみられた時間当たりどれだけモノを作るかという考え方ではなく、時間そのものを消費するというようなかたちになってきている。

そういう消費の内容の変化がどういう意味をもっているかというと、そこには二つの意味がある。一つは、物質的な経済成長を優先する度合いが低まってくることです。二つめは、経済活動とは言っても、私的な利益の最大化だけをインセンティブとして展開するのでは不十分になりつつあるということではないか。例えば福祉サービスの場合、需要者には供給する側の動機や関係性が重要な意味をもっています。

そうした点をふまえて、去年、岩波書店から千葉大学の広井良典さんが出した『定常型社会』という本にある「定常型社会」というコンセプトが、将来展望として有望視されるというか、長期的には構想できるということです。

定常型社会というのは、物質的なＧＤＰの成長を目標としない社会であり、変化しないもの、自然的なものにも大きな価値を置く社会であるわけですが、ロングタームで見ると、そういう社会が展望されて、そのなかに「社会的経済」がどう位置づけられるかというような、将来の展望や予想から見た「社会的経済」の意味付けがある。

●歴史をさかのぼる

それに関連してというか逆に、歴史をさかのぼるということで、箴言でも「未来は歴史の背後からやってくる」という言葉がありますが、過去をさかのぼって将来の展望のヒントを得るということです。その場合には、入会・入浜とか、牧草地といったコモンズなどから、今日のコモンズである市民的ネットワークへの示唆を得ることも必要ではないかと考えられます。

また、日本の昔にあった「講」とか「結」なども、今日のように経済的価値観、市場主義だけの世界ではなくて、もっと広い意味での価値観とか世界観を、ものや労働のやり取りを通しながらお互いに投げつけ合っていたのではないかとか、そういうような経済行為の社会的な役割というものも、もうすこし丁寧に分析していく必要があるのではないかと思われます。

●キーワードは社会関係資源

三つめの論点として、社会関係資源（social resources）という視点が、「社会的経済」を分析する場合には重要ではないかと思うのです。これが、「社会的経済」の理論を理論らしくしていくときのひとつのキー概念になるのではないかと思います。「社会的経済」を呼び起こすというか、期待しているようなさまざまな事象を羅列し、それを都合のいいように整理して、こうですよと言うだけでなく、もうすこし理論的に分析するときには、ひとつの概念に限られるわけでなく、ほかにもコンセプトが必要だと思うのですが、より説明能力のある概念というものを少しずつでも構築していく必要があるのではないかと思っているわけです。

欧米ではこれはsocial capitalと呼ばれていて、例としてあげますと、人々の信頼関係、規範、ネットワークのことを指します。言い換えますと、市民がお互いにどういうふうに関係しあっているか、その度合いの強さ、そしてその制度的表現ということであって、そういう市民的なネットワークの強さこそが、経済発展の有力な説明要因であるという見方が最近の欧米では重視されつつある。

つまり、経済が発展していくと中産階級ができて、そこで民主主義ができますよ、という単純な議論ではなくて、むしろ、市民のあいだの関係のあり方とか、民主主義のあり方とか、公共性のあり方といったものがうまくできているところで、逆に、そこからよい経済の質とか発展が出てくるのではないかという議論になってきているわけです。

アマルティア・センという経済学者が、1974年にバングラデシュで大飢饉があったときに、穀物の生産量がその前後の年よりもむしろ多かったのに大飢饉が起こったのは、食料を分配をするときの公論、どういう危険な徴候があるのかというような議論をする場がバングラデシュにはなく、政策も準備されなかったからであると言いました。必ずしも食料生産が低調であったからではなく、公共的に議論する場がなかったから、飢饉という事態が起こってしまったのであるということを示唆しているのです。

ほかにもそういう例はいろいろあると思いますが、市民的な度合い、市民のレベルといったものが、経済発展とか経済成長の質を決めるという、これまでの常識とか通念とは違った見方が必要であるということです。

●ボランタリー経済と公正な市場経済

最後に、余計なことかもしれませんが、実はこのように考えてくると、経済活動全般が信頼とか、規範とか、ネットワークというものを基礎としているのである。つまり、市場経済と「社会的経済」は、濃淡の違いや次元の差はあっても、いずれも突き詰めれば社会関係資源に依拠しており、両者は拮抗してはいるが、補完的な関係をもっているのではないか、ということになります。

というのは、ボランタリー経済が強めていく社会関係資源というものは、ある面では公正な市場経済を支えるものであって、私的利益の追求をインセンティブとする企業が、ボランタリー経済に遠い将来には接近してくる。つまり、ボランタリティーを生かす企業行動へいく可能性も高いと考えられるのです。

そういう意味で、市場経済と「社会的経済」は、もちろんオルタナティブ的な側面もありますが、社会関係資源というところから見ると、お互いに補完しあっている関係もある。

そのような観点から言うと、まともな市場経済をつくるためにも、こういう社会関係資源とか、「社会的経済」というのは大事なんだなというところに話をもっていけるのかなと思うわけです。そうすると、市場経済も、投資が投機になったり、競争も人の裏をかくようなものから公正な競争というかたちになり、よりまともな市場経済というものになるかもしれない。

ケネス・アローという経済理論の偉い学者も、市場経済の取引というものは結局のところ信頼に基づいているんだということを言っています。つまり経済活動全般にとって、社会関係資源というものが重要なのではないか、その社会関係資源を強化するものとして、「社会的経済」というものがあるという観点が仮説としてどうかなというふうに思うわけです。

もっとあからさまにいえば、「社会的経済」を市場経済と単に対極にあるもの、無関係なもの、別世界であるとみなすのは単純すぎないかということです。唯我独尊的というか「ここに正義がある」として、「社会的経済」だけに眼を向け、それをひたすら拡張すればよいのだと思い込むのはかえってまずいのではないだろうか。一国や世界の「資源配分」の主要な担い手である市場経済と積極的に関係づけることによって、むしろ「社会的経済」の独自性や影響力が強まるのではないでしょうか。そういうとらえ方が「社会的経済」のリアリティーというかリアリズムを担保するのだと思われるのですが、いかがでしょうか。

ヨーロッパ社会的経済の新しい動向

宮本太郎
（北海道大学法学部教授）

はじめに

私は、社会的経済のプロパーではありませんけれども、この問題にはかねてから強い関心を持っていました。また、社会的経済が、ポスト福祉国家の担い手ともいうべき地歩を固めつつあるいま、福祉政策や福祉国家の比較を専門とする者として、関心を持たざるをえない事情もあります。

'02年９月も､トヨタ財団助成のプロジェクト（川口清史代表）に参加して、イギリス、イタリア、ドイツで社会的経済の調査をしてきました。今回は、その見聞録のようなことをお話しすればいいかな、という軽い気持ちでお引き受けしたのですが、一連の研究会のニュースレターで粕谷信次先生のグローバリゼーション理論等を拝見して、相当議論を詰めておられるなと認識して、今は少し体系的に、いまなぜ社会的経済なのか、ヨーロッパの社会的経済がどういうふうに捉えられつつあるのか、ということも含めてお話しできればと思っています。

今日は三本ぐらいの柱でお話しします。第一に、いまヨーロッパで社会的経済がどういうふうに捉えられ、了解されつつあるのかという点です。第二に、それに関連して､'02年９月に見てきたこともお話しできればと思います。とくに社会的排除に対抗する戦略についてです。そして、最後に、今の日本の状況にヨーロッパの経験と理論がどういうふうに接合しうるのかについても考えたいと思います。

1　ポスト福祉国家の社会的経済――その背景

●「セクター原理主義」の失敗

この研究会では、「いまなぜ社会的経済なのか」ということが強く意識されているように思われます

私は、相互に関連する２つの点から、社会的経済の今日的意義のようなものが捉えられるのではないかと思います。第一は政策手段の問題で、なぜ社会的経済という手段が不可避なものになっているか。第二は、そうした社会的経済を求めていく社会の変化の問題です。

社会的経済の台頭を説明するのに、しばしばいろいろな失敗が語られます。ある人は市場の失敗を言うし、ある人は政府の失敗を言う。また、アメリカのＮＰＯ比較研究の雄というべき存在であるL. Salamonは、ボランタリーの失敗、ＮＰＯ自身の失敗を言います。基本的にアマチュアリズムで脆弱な基盤しか持ちえないＮＰＯを、公的資金が支えるようなかたちで今の構造が生まれてきた。ボランタリーの脆弱さを補うかたちで今日の体制になっているということをボランタリーの失敗という言葉で表現するわけです。また、社会学者の富永健一先生などは、日本では家族の失敗だと言う。

要するに、いずれかのセクターに固執する考え方は軒並み失敗している。それを私は「セクター原理主義の失敗」というふうに言っていますが、社会的経済というのは、こうした諸セクターが相互の強みを引き出し合い弱点を補う合うような、セクター連携のシステムだということです。

各セクターの強み・弱みについて、表－１にドイツのA. Evers の表があります。これは一見難しげですが、非常に単純なことを言っているに過ぎません。

つまり、市場、政府、共同体、市民社会がそれぞれ強み・弱みを持っている。市場は、効率的なシステムをつくるのに役立つけれども、ほうっておけば格差が拡大してしまう。政府は、財政責任を担って平等な権利を保障しうるが、官

表－1　Positive Mix＝Synergetie Mixへ

制度	市場	国家	共同体	市民社会
中心アクター	企業	公行政	家族（近隣、親族、職場仲間、友人関係）	アソシェーション
需要側の対応する役割	消費者・顧客	社会市民	共同体構成員	アソシェーション構成員・市民
接近規則	購買力	法的に裏付けられた請求権	帰属	必要
媒介メディア	貨幣	法	敬念	議論・コミュニケーション
主要な価値	自由	平等	相互性	連帯
主要な効果	富	安全	人格的関与	社会的政治的活性化
主な欠陥	不平等な・非貨幣的な価値の否定	少数派の要求軽視・制度先例による制約・自助努力の減退	道徳的義務による選択可能性の制約・構成員以外の排除	サービスや財の供給にばらつき・専門性についての限界・経営・組織の構成からくる非効率

A. Evers/ T. Olk (Hrsg.), Wohlfahrtpluralisms: Vom Wohlfahrtstaat zur Wohlfahrtgesellshaft, Westdeutscher Verlag, 1996, S. 23.

僚的で画一的な対応になりがちである。共同体あるいは家族は、非常に親密な空間になりうるけれども、シルバーハラスメントの実態から窺えるように、一歩間違えるとその親密さが裏目に出る、あるいは非常に排他的になる。そして、市民社会は、フットワークが軽くどんなニーズにも対応しうるけれども、アマチュアリズムがついてまわる。

したがって、それぞれの強みを引き出し合い弱みを補い合うか。これがおそらく社会的経済の課題になると思います。

そういう観点からかつての日本の福祉システムを想起すると、確かに福祉ミックスだった。しかし、ミックスであればいいというものではなくて、残念ながら、一連のセクターの弱みを引き出し合うようなところがあった。

行政は、特別養護老人ホームのスプリンクラーはどことどこに付けろとか、居室の広さはどのくらいでベッド数はいくつとか、食事は１人当たりいくらとか、ことごとく口をはさむ。社会福祉法人・非営利団体はだんだん受動的になり、やる気を失い、サービスも魅力を欠くものになりかねない。トータルに見てサービスの供給量も少ない。それに代わって、家族の負荷が高まってくるわけですが、負荷が高まり過ぎると、老人虐待というような悲劇に結びついて、果ては社会的入院が増大するというようなことになっていく。そうした中で、市場は一部のカネのある層だけを相手にクリームスキミングをやっていく。

このように、官僚主義と非営利組織のアマチュアリズムと家族の排他性と市場の営利性が、相互に連動して進むようなかたちになっていた。現在は大きな変化がおきていますが、だからこそ同じ福祉ミックスでも、強さを引き出し合うものにしていかなければいけない。それをどうするのか。そこに1つの論点があります。

●社会変容と新しいリスク構造

2番目は環境の変化の問題。ポスト・フォード主義的社会変容と新しいリスク構造という問題があります。

フォード主義は大量生産と大量消費を循環させていくしくみで、そのために相対的に均質な労働市場がある。そこで再分配が行われ、大量生産を吸収する市場になっていかなければいけない。ところが、こうした相対的に同質な労働市場が、近年のグローバル化と脱工業化で急速に解体しつつある。そこに生まれてきているポスト・フォード主義的な諸条件はどのようなものなのか。

一方で、これまで中間層の経済的リスク等さまざまなリスクを吸収してきた企業とか家族といったようなものが、雇用の流動化やサービス化や個人化の中であまり頼りにならなくなってきて、中間層のリスクが個人化していく。これをだれが引き受けてくれるのかということが問題になってきます。

同時に、労働市場は二極化してきますから、周辺層とでもいうべきものが形成されてくる。これにかかわって、政策論議の中で、社会的排除とか社会的包摂という言葉が飛び交うようになっています。しかも、単に経済的な周辺層にとどまらず、文化的なマジョリティとマイノリティの問題とか人種的な問題、あるいは空間的な中心・周辺の問題が重なりあって、周辺層というものがかたちづくられつつあります。

これはいま、欧州の政治・経済が微妙な岐路に立っていることを示唆しています。

例えばハイダー・ルペン現象、あるいはノルウェーでは、カリスマ的リーダーのカール・ハーゲンに率いられた右翼政党の進歩党が36％の支持率で、与党の支持率全部合わせても20％程度なので、いま選挙をやれば間違いなく進歩党が福祉国家の権力を取ることになります。あるいはデンマークでは、女性党首のピア・キエスゴーが率いる右翼の国民党が約12％の得票率で、政権のキャスティングボートを握っています。

こうした新しい右翼政党の特徴は、従来のファシズム政党は旧中間層が大きな担い手であったのに対して、圧倒的に労働者階級だということです。つまり、社民党から支持基盤をもぎ取って出てきているのです。

どうしてこんなことになっているのかというと、社会の二極化がかかわっていて、一方で、相対的に豊かであった労働者（彼らは競争セクターのなかにいるという点で福祉国家の負担を重みに感じ始めています）が企業や家族からほうり出されつつあって、非常に不安な状態に陥れられている。他方で、周辺層が目に見える形で現れつつある。この周辺層が、基盤が脆弱になりつつある労働者層にとって、しばしばスケープゴートになっている。あるいは彼らをスケープゴートにするような言説が行われて、移民たちが自分たちのチャンスを奪っているんだ、ということになってしまう。

先ほど岐路というふうに言いましたのは、この労働者層や中間層と周辺層が、例えばそうした極右政党の台頭のような事態の下で、断絶してしまうのか、それとも何らかの連携を保ちうるのか。そういう岐路にあるということです。

断絶してしまうならば、かつてR.ダーレンドルフが「３分の２社会」と言いましたが、社会の３分の２の人々が豊かさを享受するために、３分の１の人々を排除・抑圧するような社会になりかねない。

これに対して、先ほど欧州の動向をちょっとお話ししましたけれども、スウェーデンでは幸い極右の台頭はまだ顕著ではなく、社会民主党の新しい綱領は、「新しい戦略的同盟」――中間層労働者と周辺層の同盟をどういうふうにつくるか、という提起をしています。

つまり、スウェーデンの社民党は、かつて、赤白同盟（労働者とホワイトカラーの同盟）をつくって豊かな福祉国家を守ってきましたが、いま、極めて脆弱な基盤の下にある中間層と周辺層の共通の利害をいかに見いだすか、という

「新しい戦略的同盟」が重要になっている、というわけです。そして社会的経済は、両者が共有するリスクの構造に対処することで、こうした連帯を実現することができるのではないか。

2　社会的経済の主体をめぐって――社会的企業(social enterprise)論

●社会的企業とは何か

さて、4つのセクターが連携してそれぞれの良い面を引き出し合う。これをPositive Mix または Synergetic Mix（シナジー効果のあるミックス）と言いますが、ここでの関心の焦点である非営利組織というのは、そうしたミックスの中でどういう存在で、どういう役割を担うのか。

実は、社会的経済をめぐる最近の議論のなかで、従来、非営利組織、ＮＰＯ等多様な言い方をしてきた存在に対して、社会的企業（social enterprise）という表現が用いられています。これは、ＥＵのプロジェクトがあってその中で用いられるようになった言葉ですが、最近は欧州諸国の政府もこの言葉を使うようになりました。それはなぜなのか。そして、これは何なのか。

これまで、社会的経済といった時に、その大きな主体は、協同組合、共済組合等いろいろなあり方がありますが、特に協同組合が重要な存在でした。アメリカ系統の研究は、ＮＰＯを非常に重視し、その言葉を使ってきました。私も多少かかわっている富沢賢治先生や川口清史さんらを中心とした生協総研の研究などは、苦肉の策として非営利・協同セクターという言い方をしてきましたが、この非営利・協同セクターの主体が社会的企業という言い方をされるようになってきています。

そのことを示したのが図－1です。事業性が強かったけれども共益を指向してきた協同組合が、95年のＩＣＡ原則の改定でコミュニティに奉仕することを謳う。それから、91年にイタリアで「社会的協同組合」が法制化されましたし、ベルギーでは94年に「社会的目的を持った企業」という法的ポジションが規定され、ポルトガルでも、「社会的連帯協同組合」が規定されました。これはいずれも、コミュニティに奉仕する協同組合ということです。

他方において、ＮＰＯも事業型ＮＰＯなどという表現が用いられるようにな

図－１　社会的企業とは何か

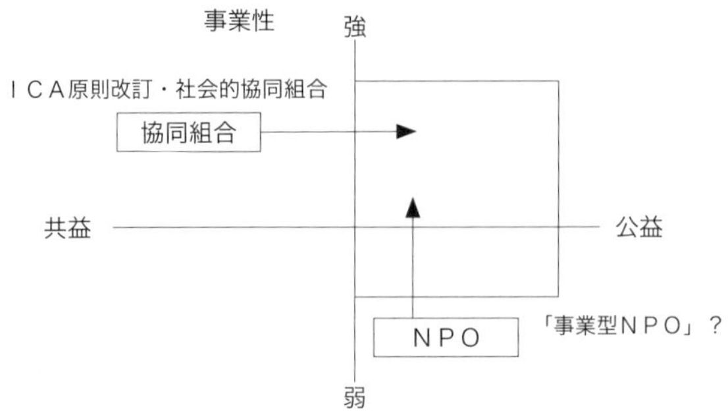

りました。持続性を担保する経営的基盤、しかしnot for profitであるということです。

つまり、この座標軸のなかで、公益指向で事業性の強い象限に、協同組合も入ってきたし、ＮＰＯも入ってきた。これを社会的企業というかたちで捉えようとしているわけです。

社会的企業研究の中心であるＥＭＥＳネットワーク(注)の中軸メンバーであるベルギーのJ. Defournyとイタリアの C. Borzagaが編集した『社会的企業の出現』“The Emergence of Social Enterprise” という本が'01年に出ました。そのイントロダクションで、社会的企業とは何かということを細かく議論していて、1.財・サービスの継続的提供、2.高度な自立性、3.有償労働を含む、4.経済的リスクに関与、5.資本所有に基づかない意思決定、6.コミュニティへの貢献が目的、7.設立にあたっての市民のイニシアティヴ、8.関係者の参加、9.限定的利益分配。この９つの特徴が新しい社会的経済の担い手に共通して見られる、という認識になっています。

ヨーロッパで社会的企業に期待されているもう一つの役割は、先ほどの福祉のベストミックス、つまり諸セクターの“いいところ取り”を、どうやって実現していくかという点にかかわります。

図－２は、ＥＭＥＳネットワークの重要な論客であり、私たちの研究チームと密接なコンタクトを持っている、A. Eversが言っていることです。

要するに、社会的企業が、市民社会以外の３つのセクターの「リソース」をどうやって組み合わせていくか。それぞれのネガティブな面を抑止してポジティブな面を引き出していく、その「ルール」の総合をどうやっていくか。あるいは「文化」の媒体をどうやっていくか等々、“いいとこ取り”のいわばエディターになっていく。

図－２は「リソース」について３つのセクターとの関係を示したものですが、

図－2

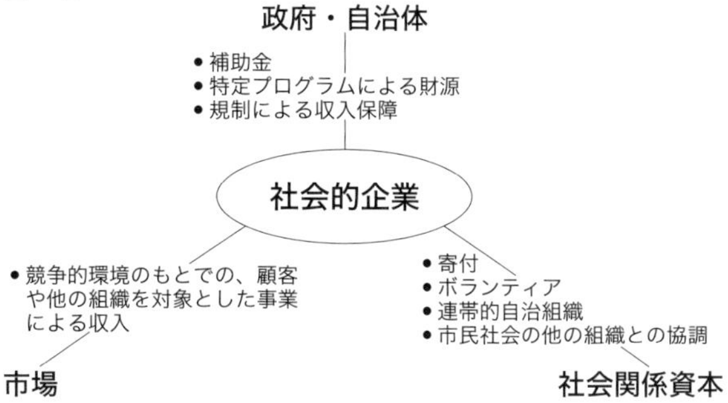

政府・自治体の補助金とか、市場セクターの事業収入に、市民社会セクターの持っている（R・パットナムの言う意味での）ソーシャルキャピタル、具体的にはボランタリーなコミットメントとか人々のネットワーク、これを社会的企業が媒介して結び付けていく。そういう役割を期待しているということです。

3　社会的経済の新しい課題——社会的排除と社会的包摂

●社会的排除の概念

そうした性格を持つ社会的企業に期待されていることは何か。

先ほど、ポスト・フォード主義的な社会変容ということで労働市場の二極化に触れました。それにかかわって、社会的排除にどう取り組むかということが、社会的経済の第一の課題として認識されつつあります。これは、'02年９月の欧州調査でも非常に強く感じました。

社会的排除（social exclusion）、これの対になるのが社会的包摂（social inclusion）という言葉です。人によっては、貧困はどうしたのだ、搾取はどうしたのだ、別なものとすり替えようとしているのではないか、という疑念を持つ方もおられる。当然の疑念かもしれません。

それでは社会的排除とは何なのか。この言葉の出自は、ずいぶん遡りますが、70年代の初め、フランスの社会行動相のR.ルノアールが、主に障害者や麻薬中毒者を念頭に置いて使ったことなどに由来するようです。それがミッテラン政権になると、「経済成長に忘れられた人々」という意味でより広義に用いられるようになり、そして、だんだん失業問題が排除という事柄の中心に置かれるようになりました。やがて、中道左派の台頭の中で、特にブレアのニュー・レーバーがこの概念を重視し、「社会的排除ユニット」「社会的包摂パートナーシップ」等の制度もが、現実の政策展開のなかで現れてきた。

もちろん、貧困とか周辺化という問題が軽視されているわけではありません。社会的排除という言葉は、文化的、経済的、政治的、空間的な諸要因がいかに結び付いて、貧困や周辺化などの状態を引き起こしていくか。つまり、社会的排除とは、貧困や周辺化について単一の要因よりも多元的要因を、そして状態よりもプロセスを重視した言葉だということが強調されています。

それでは、どうすれば社会的排除を克服することになるのか。

いま欧州の中道左派はみんな社会的排除という言葉を使うようになっていますが、同じ中道左派でもさまざまなポジションがあるわけで、社会的排除との闘いとか社会的包摂といった場合、それぞれのポジションに応じて、３つのアプローチがあるとされます。

一方で最も現実派の右派の側は、社会的排除の闘いや社会的包摂というのは、社会統合的アプローチ、つまり、ともかく仕事に就かせろ、その先は一人ひとりに頑張ってもらわなければいけない、と主張しています。

その対極にある左派の人たちは、再分配的アプローチ―ただ仕事に就かせるだけではダメ、かつての福祉国家がやってきたようなさまざまな手当てが就業支援に加えられて、はじめて社会的包摂が可能になると主張しています。

また、一部に、道徳的アプローチ―マージナルな周辺層の規範的な統合といいますか、道徳的な立て直しのようなことを言う人たちもいます。

これだけ多様なアプローチがあるわけで、社会的排除あるいは社会的包摂という言葉の意味をめぐっては、暗黙の闘いがずっと行われているのだというのが、R. Levitasの主張です。

それでは、欧州の社会的企業は、その課題としての社会的排除に、どのように取り組んでいるのでしょうか。

●スコットランドの媒介的労働市場アプローチ

私たちはイギリスとイタリアとドイツを見てきたのですが、特に印象深かったのはスコットランド・グラスゴーの社会的企業の活動です。グラスゴーの社会的企業の活動、特に社会的排除との闘いは、intermediate labour market、あえて訳せば媒介的労働市場ともいうべきアプローチが採られています。

このアプローチは、日本にあまり伝わっていませんが、欧州においては、この問題に多少とも関心を持つ人は知らない人がいないほど、極めて重要な経験として位置づけられており、実際、ＥＵ委員会は、グラスゴーの媒介的労働市場アプローチを賞賛しました。

また、ニュー・レーバーは、政権に就く以前、サッチャーリズムのオルタナティブを模索していた95年ごろから、このアプローチに着目しています。イギリス労働党は96年のマニフェストで「世界最高の実践」と賞賛しました。そして、ブレア政権の顔とも言うべき、「働くための福祉」とか「福祉のニューディール」という新しい福祉政策は、媒介的労働市場アプローチを一つの発想源として導入されていったのです。

では、ニュー・レーバーはグラスゴーの運動をナショナルなレベルで正確に再構築したのかというと、運動の当事者たちは強い違和感をもっています。そのあたりの事情には、社会的排除との闘いとか、就労支援・ワークフェアということの多義性がからんでおり、そこが、非常に幅広い、党派を超えた社会福祉の再構築を考える人たちの議論の焦点になりつつあります。先ほど社会的排除の概念をめぐって示唆したように、実は、同じ社会的排除との闘いの中でかなり多様なアプローチが浮上しており、ブレア政権とグラスゴーの経験との関係という点からも、このことが窺われます。

グラスゴーは典型的な旧工業都市で、他の工業都市が構造的失業問題を抱えてたどった衰退のプロセスを忠実にたどり、70年代初頭には失業率が急騰してスコットランドの失業者の20％が集中し、25％が長期失業者、しかも３分の２が25歳以上という事態になりました。

かつてスウェーデンでは、積極的労働市場政策として、ナショナルレベルで非常に強力な指導性を発揮する雇用政策がうまくいって、福祉国家を支える完全雇用が出現しましたが、脱工業化社会では、そうしたナショナルで一元的な雇用政策はあまり効果を期待できません。

これは、サービス産業が主要な雇用の引き受け手になるわけで、サービス産業というのは、いうまでもなく、地域の多様なニーズをいかに正確に捉えてそれに応えていくか、ということが必要です。

それから、工業化社会においては、画一化された職業訓練を受けることでそれなりに使える人材がつくり出されていきますが、サービス産業では、人とのスムーズな関係とかコミュニケーションといったことが大事になってきますので、いったん引き籠ってしまった長期的失業者は、サービス産業ですぐに使えるような能力を発揮しえないわけです。

媒介的労働市場アプローチは、そうした脱工業化段階の失業問題の特性に着目して、すぐには労働市場に出ていけない人々を、さまざまな社会サービスや住宅修理などを担う事業で有償で雇用しつつ、その中で、新しい技術からスムーズな人との関係とかコミュニケーションを含めて少しずつ社会性を取り戻してもらう、という考え方です。この戦略が非常にうまく行ったわけです。

ところで、少し余談になりますが、いま日本でもコミュニティビジネスが盛んにいわれて、ＮＰＯよりコミュニティビジネスという流れになってきていますが、コミュニティビジネスという言葉は、グラスゴーで媒介的労働市場アプローチが始まった時に、そのアプローチを担う社会的企業を指して使われるようになったのです。

ところが、いまスコットランド・グラスゴーでコミュニティビジネスと言うと、人によってはダーティワードと言うくらい、非常にネガティブな言葉になっていると言います。なぜそうなのかというと、媒介的労働市場アプローチが展開された初期に、大量の公的資金が注ぎ込まれて、それに群がるようにいろいろなところから社会的企業が集まってきて、活動を始めるようになりました。しかし、それらはあまりにも受動的に公的資金に依存していて、さまざまな資金プログラムが新しく導入されたり廃止されたりしていく。そうした変化をまともに受けて、その多くが消えていってしまいました。コミュニティビジネスという言葉は、グラスゴーでは、こうした社会的企業の受動的なあり方を象徴する言葉になってしまったようです。今日では、コミュニティ・エンタープライズという言い方がオーソドックスになっています。もちろん、この言葉を継承した日本のコミュニティビジネスはまったく別の道を辿っているわけで、日本のコミュニティビジネスは（そもそも依存するべき公的財源は乏しく）ずっと自立的な発展を遂げているというべきでしょう。

4　社会的経済と社会的排除－異なったアプローチ

さて、その中で私どもはグラスゴーの２つの社会的企業、Community Enterprise in Strathclydeと、Castlemilk Economic Development Agencyを訪問しました。ともに媒介的労働市場アプローチを代表する有名な組織で、有限会社ですけれども、事実上非営利の活動をやっています(ＣＥＩＳは、84年設立。26人の職員で、事業高130万ポンド。主要領域は、保育サービス、住宅改修、地域再生等。ＣＥＤＡは、90年設立。51人の職員で、事業高150万ポンド。主要領域は、個人就労支援、職業訓練、保育等)。ＣＥＩＳを一部とする社会的企業の連合体であるGlasgow Worksと、それと公的職業訓練のパフォーマンスとの違いを見ると、ドロップアウト率、つまりいったん正規の労働市場に戻りながらまた長期失業に戻ってしまった人の比率は、公的職業訓練が53%に対して、Glasgow Worksは27%。就労持続度では、公的職業訓練が19週であるのに対して、Glasgow Worksは36週。また、収入ではGlasgow Works出身者が４割多くなっています。

このように、媒介的労働市場アプローチ、社会的企業のサービスが、構造的失業の打開と社会的排除との闘いにおいて、非常に大きな力を発揮しているわけです。

しかし、先ほど述べましたように、この経験を基に出てきたナショナルあるいはローカルなさまざまな取り組みには社会的包摂とかワークフェアをめぐるアプローチの多様性がうかがわれます。

グラスゴーの媒介的労働市場アプローチを発想源の一つとした「働くための福祉」政策は、失業者に対して、企業の職業訓練を受けてくるか、非営利組織で働くか、ボランティアをやるか、環境団体で働くか。この４つのオプションを提示して、４つのオプションをいずれも拒絶する場合は、失業保険をカットする。こ

表－２　Glasgow Worksと公的職業訓練の比較

	Glasgow	公的職業訓練
ドロップアウト率	27%	53%
就労持続(週)	36	19

（ＣＥＤＡ資料より）

れがブレアのやり方でした。

グラスゴーのやり方からすると、これは媒介的労働市場アプローチの一部を取り入れているけれども、オファーを受け入れなければセーフティネットを取り除いてしまうというのは非常に懲罰的である。社会的排除との闘いというのは、従来のような依存型の福祉を反省して、自立を支援していくことにポイントがあるわけですけれども、自立を支援する福祉、最近はこれをワークフェアという言い方をしますが、これには２つの側面がある。福祉を給付する条件として働く意欲を求めるということと、福祉が自立を助けるような支援を行うということです。

つまり、同じ社会的排除との闘いとかワークフェアと言いつつも、支援に先立って「まず働け」と求めていくアプローチ－ブレア政権にその傾向が見られるわけですが－と、何よりも自立の条件をつくるために、多少のコストを掛けてもそれを支援していくというところに力点を置くアプローチがある。どちらもワークフェアですけれども、その中身はずいぶん違います。

グラスゴーの媒介的労働市場アプローチは、就労支援サービスをたいへん重視しています。さらにいうならば、いろいろな社会的企業の発想の中には、何も労働市場に人々を送り込んでいくことだけを第一義的な課題としなくてもよいのではないかという考え方もあります。

今回の調査の中でイギリスとイタリアを並べて見ることになったので一層感じたのですが、イタリアでは、ご存じのように、社会的協同組合の場合、Ａ型とＢ型があって、Ａ型は社会サービスを提供していく協同組合で、Ｂ型は、就労に困難を持つ人の自立支援の協同組合です。

このＢ型の社会的協同組合と媒介的労働市場のアプローチを比べてみると、媒介的労働市場のアプローチは、どのくらいの人々を正規の労働市場に返せたかということで自らの活動を評価しています。これに対して、イタリアのＢ型の場合、自立支援を重視することでは一緒でも、お国柄もあってか、たいていのケースではごくのんびりしていて、出ていきたくないならばいつまでもいなさいということで、労働市場に返すことを第一義的な課題としない。もちろんＢ型社会的協同組合は、障害者の就労を支えている場合が多いという事情も背景にありますが、そこに還元できない理念の違いがあるようにも思います。このあたりのことは、イタリアの協同組合事情に詳しい都留文科大学の田中夏子さんの論文も参考にしてください（田中夏子「イタリアの社会的経済と市場および自治体の相互作用について」（農林中央総合研究所編『協同で再生する地域と暮らし』日本経済評論社、2002年）。

さきほど社会的包摂という意味について３つの異なった理解があるという説を紹介しましたが、このこととも関連して、社会的経済がいかに社会的排除との闘いに取り組むか、という点に関しても、３つの異なったアプローチがあるように思えます。すなわち、ブレアの「働くための福祉」のように、かなり厳しいやり方で労働市場での自立を迫る方法、媒介的労働市場のように、労働市場へ返すことを重視しつつも、そのプロセスを大事にする方法、そしてイタリアのＢ型協同組合のように、自立を模索しつつも、労働市場への投入を必ずしも最優先課題とはしない方法です。

5　日本への示唆

図－３は、ベルリンにある社会科学センターの G. Shmidt のモデルに部分的に手を加えたものです。スウェーデンモデルの設計者として、G. Rehen と R. Meidner という２人の経済学者がいます。その Meidner の80歳の誕生日を祝うシンポジウムで、スウェーデンモデルは要するにこうなっていたのではないか、ということを表現したモデルです。

私は、このモデルが、社会的経済がこれからの社会にどう埋め込まれていくのか、かつ、福祉国家の何を継承しているのか、ということを表現する上で、とても大切なのではないかと思っています。

図の中の「教育」「家族」「労働市場」「長期的失業・障害」「退職」というのは、Shmidt のモデルと多少変えていますが、要するに人生の５つのライフステージで、スウェーデン型の福祉というのは、これに５つの橋を架けているということになります。どういうことかというと、日本と対比してみると分かりやすいと思います。

ジャパンモデルとスウェーデンモデルは、システムとしては対極的ですが、全く似てないわけではなくて、かつて、資本主義のネガティブな面を押さえ込

図－3　架橋的な労働市場モデル

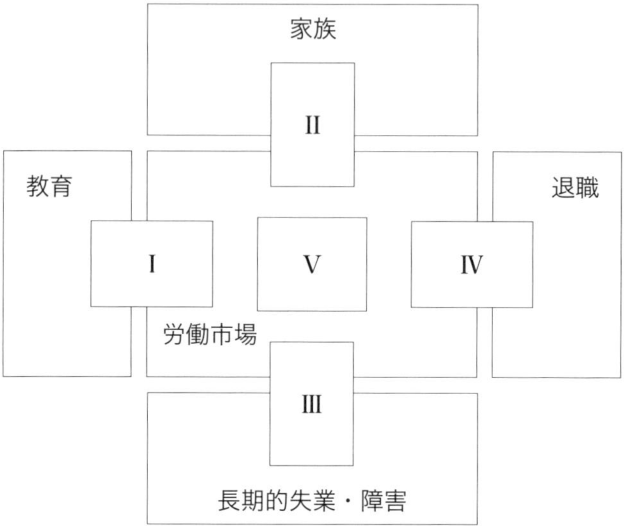

G. Shmidtのモデルをもとに作成。cf. G. Shmidt and B.Gazier, The Dynamics of Full Employment, Edward Elger, 2002

	福祉国家における政策領域	社会的経済における担い手
I	高等教育、リカレント教育	フリースクール等
II	自治体育児・介護政策	育児・介護サービス組織（ワーカーズコレクティブ等）
III	障害者政策・長期失業対策	媒介的労働市場組織、自助運動組織
IV	高齢者雇用促進政策	高齢者協同組合等
V	積極的労働市場政策	企業支援組織、就労支援組織等

んだ優等生とされることもありました。つまり、両国とも、失業率は低かったし、社会的格差という点でも、日本は格差が小さいわけではないけれども、総体的貧困率みたいなものはアメリカや一部のヨーロッパに比べれば小さかった。

ただし、そういうパフォーマンスを生み出したしくみは非常に対極的だと思います。なぜかというと、日本では、大企業の長期的雇用とか福利厚生、地方でいえば公共事業とさまざまな規制、これらが、福祉国家以外のやり方で雇用と収入を保障しました。

しかし、雇用と収入はあるけれども、社会サービスはない。これだと福祉国家の代替機能は果たせない。したがって、女性が、男性稼得者の収入に基づいて保育や介護の担い手となってきた。実は、先進工業国の中で、戦後、日本だけが専業主婦が増えて、75年に専業主婦の割合がピークに達しました。

自民党の加藤紘一さんなどがかつてよく、日本は非常に優れた社会民主主義国だ、これだけ生活保障をやってきた、と言っていました。たしかに、生活保障のシステムはあったわけですが、何が決定的に違っていたかというと、日本の生活保障のシステムは、福祉国家のように確立した権利として提供されていたわけではなく、ある条件のもとで初めて恩恵に与ることができた。

それは何かというと、男たちは大企業でとにかく頑張り続ける。地域の人たちは、公共事業などを持ってきてくれる地元のセンセイの顔を立てながら頑張り続ける。業界にも忠誠を尽くす。そして女性は家庭に根づく。そうやって人々があるコミュニティに囲い込まれることで生活が保障される。逆にいえば囲い込むための保障、擬似福祉だったわけです。

そういうシステムで日本人はライフステージをどうやって歩いてきたかというと、まさに一方通行型です。Ⅰ・Ⅱ・Ⅲ・Ⅳの橋はそれぞれ架かってないわけではなかったけれども、非常に脆弱な橋で、後戻りは困難であった。子供たちも、親のすねがかじれるうちに大学にいかなければならないから、ともかく自分の人生に必要なツールが何かなどと考える暇もないまま、ともかく前へすすむ。そして就職していくわけですが、いったん入った労働市場の中で企業を替えるというのは、一部のエリート層は別ですが、非常に難しい。女性は、途中でⅡに進路を取ってしばしばそのまま家庭に入ってしまう。この橋も一方通行です。

一方スウェーデンでは、例えばⅠの教育という橋が双方向的に架かっているから、いつでも大学に戻ってくることができる。だから、高校を卒業してすぐ大学に行く人は少ない。いったん社会に出て、問題意識をもった時に、リカレント教育あるいは生涯教育、無償の大学教育が構成するⅠの橋を渡って教育に戻ってくる。生涯教育というのは、日本では余暇の過ごし方のような感じになってしまいますが、そうではなくて、自分に必要なのはこういう方向なのだ、あるいは今の仕事はちょっと違うぞと思った時に、新しい挑戦のために技能や知識を身につけることができる、ということです。

Ⅰはそのための橋です。あるいは、Ⅱの橋は介護や育児のサービスであり、女性はⅡの橋を行ったり、きたりしながら就労を続けることができる。あるいは、Ⅲの橋で高齢者もまた条件の許す範囲で社会と関わり続ける。Ⅴの橋で労働市場の中で進路を切り替える。これは積極的労働市場政策の橋です。スウェーデンは、大きな福祉国家なのに、なぜ経済的にも元気なのかというと、5つの橋を架けてきたからです。こうした福祉のシステムは、人々のライフチャンスを拡大すると同時に、結果的に人的資本としての価値を高めることになった。

さて、なぜこういう話をし始めたかというと、社会的経済が日本の社会にどのように組み込まれるべきかということを考えたかったからです。この橋の担い手は、これまでスウェーデンでは政府と自治体でした。それに対して、市民社会の成熟もあって、近年ではしだいに協同組合を中心とした社会的企業や民間企業が橋の担い手になっている。つまり、サービス供給を引き受けるようになっている。

考えてみますと、日本でもさまざまなフリースクールがⅠの橋を担ったり、ワーカーズコレクティブがⅡの橋を架けたり、あるいは各地の高齢者協同組合がⅢの橋をつくりだしたりしています。そして、これから社会的排除との闘いが日本でも大事になってくると、Ⅳの橋が焦点となっていくのではないか。そしてここでの非営利組織、社会的企業の役割が問われてくると思います。

この橋がこれからどのように長期的失業者や、生きるのに困難を抱えている人々と労働市場を繋いでいくのか。この点にかんしては、さきほど述べたように、ブレア型、グラスゴー型、イタリア型など、いくつかの異なったやり方が区別できると思います。

このようなモデルで、人々をともかく労働市場に動員していくことが目指されるのか、あるいはむしろ人々が労働市場以外のライフステージに滞留していく脱労働中心社会を目指すのか、これは大事な論点です。いずれにせよ、こうしたシステムによっていかに社会の二極化を防いでいくか、実は同じリスクに直面している中間層と周辺層の連帯をつくりだせるかが焦点です。

さらに言えば、さきほど福祉ミックスとしての社会的経済という話をしましたが、この橋を構成するのは非営利組織・社会的企業だけではない。財源やルール設定にかんしての行政の役割は当然ある。これはいわば橋桁の役割と言ってもよいかもしれません。それから民間企業が参入する場面も考えられる。こうしたなかで、エバース流に言うならば、非営利組織・社会的企業が、福祉ミックスのあり方のデザインにかんして、いかにイニシアティブを発揮できるかも問われていくと思います。

(注)
EMES Network
- Centre d'Economie Sociale, University of Liège, Belgium, represented by Jacques DEFOURNY
- Centre for Co-operative Studies, University College Cork, Ireland, represented by Mary O'SHAUGHNESSY
- CERISIS, Catholic University of Louvain-la-Neuve, Belgium, represented by Marthe NYSSENS
- CESIS, Lisbon, Portugal, represented by Heloísa PERISTA
- CIES, Barcelona, Spain, represented by Isabel VIDAL
- Co-ops Research Unit, Milton Keynes, United Kingdom, represented by Roger SPEAR
- CRIDA, Paris, France, represented by Jean-Louis LAVILLE
- ISSAN, University of Trento, Italy represented by Carlo BORZAGA
- Södertorna Högskola, Huddinge, Sweden, represented by Yohanan STRYJAN

グローバリゼーションと「社会的経済」
――グローカルな、新たな「公共性」を求めて

粕谷信次
(法政大学
経済学部教授)

1　なぜ、いま「社会的経済」セクターの促進か

●歴史的選択のとき

いま、新自由主義的な（あるいは、新保守主義的な）グローバリゼーションが、われわれの生命と暮らし、すなわち、subsistence（命と暮らし）に大きなマイナスのインパクトを与えています。J.ハーバーマスの言葉を使えば「生活世界の植民地化」ですが、単なる植民地化ではなくて、subsistenceが危くなる「極度の植民地化」の時代になっています。のちほど説明いたしますが、「福祉国家」体制から、少なくとも1世紀半は遡った野蛮な資本主義の時代への逆流はおろか、数世紀かけてつくりあげてきた国際法を破り、国際世論に逆らって始められた新自由主義的なブッシュ政権のイラク攻撃を見ると、あるいは、さらにそれ以前への逆流のようにも見えてしまいます。

しかし、それは、われわれの前に開ける唯一の必然の道ではない。そういう流れに打ち勝って、21世紀を維持可能な人類が希望をもてる社会に転換させようとする人びとの希願と運動と、そして、なお限られているとはいえ、すでにそれらが体現された社会的、経済的、さらには政治的現実もグローバルに広がってきています。

その意味で、われわれは、いま、大きな歴史の選択に前に立っている。現在

の転機は、人間の歴史とはなんであり得るのか、どのようにあり得るのか、われわれ人類に突きつけられた選択のとき、試しのときである。この歴史の選択において、もし、前者の道の継続を拒絶し、後者の道への転轍を図ろうとするならば、「社会的経済」 セクター—協同組合がその大きな構成要素の一つになっていますが—の振興を先進諸国においても、途上諸国・地域においても、グローバルに図ることが、そのような展望をもたらす戦略的に重要なカギのひとつになるのではないだろうか。こういう構図でお話したいと思っています。

グローバリゼーションとは、どういうことか、いろいろな言われ方をしています。例えば、世銀チーフ・エコノミスト兼上級副総裁で、クリントン政権の経済諮問委員だった J. E. Stiglitz は、ＩＭＦの政策決定過程に加わった経験を踏まえて—かれは、このときの経験で、グローバリゼーションの見方についても、開発の見方についても、かれの見方は根本的に変わった、と言い、結局、この要職を辞任します—、新自由主義的なグローバリゼーションを推進するワシントン・コンセンサス（ＩＭＦ、世界銀行、アメリカ財務省の間で確認されたコンセンサス）に批判的な、『世界を不幸にしたグローバリズムの正体（Globalization and Its Discontents)』という本を著しました。

その本のなかで、Stiglitz は、「グローバリゼーションとはどういう現象か。根本的には、世界中の国と人間をより緊密に統合することである。それを実現させたのは、輸送費と通信費の大幅な低下であり、商品、サービス、資本、知識、および、人間の国境を越えた移動を妨げていた人工的な障壁の解体であった」と書いています。

このグローバリゼーションがもたらした結果に対して、反グローバリズムのうねりが高まっているわけですが、彼は、まず、冷静に「グローバリゼーションに毒突く人々は、えてしてその利点を見過ごしている」と、利点もあるのだと言います。

「多くの国は、国際貿易に門戸を開くことで他のどんな方法でもなしえないほどの急速な成長を遂げてきた。(中略) 反グローバリゼーションの抗議にしても、それ自体がこうした連帯の結果でもある。世界のさまざまな地域の活動家をつないでいるリンク—インターネット・コミュニケーションを通じて形成されたリンクーは、大きな圧力となり、強国の政府の反対を押しきって国際地雷協定を実現させた。」これもグローバリゼーションの一側面だということです。

しかし、「グローバリゼーションの支持者はそれ以上にバランス感覚に欠けている」と、かれは続けます。「彼らにとってグローバリゼーションは進歩である。(これは一般に、資本主義すなわちアメリカ式の資本主義の勝利を認めることと結びついている。)発展途上国が成長を望み、貧困を効率よく軽減させるつもりなら、これを受け入れることが不可欠のことと彼らは考える。」

しかし、「途上国の多くの人々からすると、グローバリゼーションは約束したはずの恩恵をもたらしていないのである。広がり続ける貧富の差は、ますます増え続ける第三世界の貧困層に、1日1ドル以下の生活を強いてきた。」

これはよく言われる格差の拡大ですね。地球全体では経済は成長しているけれども、底辺層が増えている。絶対的に増えているし、相対的な格差は、なおさら著しいわけです。

「アフリカ諸国では、この数十年でやっと手に入れた平均寿命の伸びが逆行している。」とさえ、かれは言います。

「その（新自由主義的なグローバリゼーションの）代価はあまりにも大きすぎる。環境は破壊され、政治のプロセスは腐敗し、途上国の人びとの社会は変化の急激なペースに適応ではない。その過程で大量失業者が生まれ、やがて社会の崩壊問題が生じてくる。ラテンアメリカの都市部の暴動、インドネシアなどに見られる民族の衝突……。」

したがって、皆さんご存じのように、世界的に反グローバリズムのうねりが高まって、「もう一つの別のあり方」を求める動きが活発化してきています。

そのような流れの中で、まず、92年、地球環境問題について、リオ・サミットがもたれたわけですが、95年、コペンハーゲンで開かれたWord Summit for Social Developmentはその宣言において、経済的側面のグローバリゼーションは社会的次元のグローバリゼーションを欠いているとグローバリゼーションの社会的次元を取りあげ、次のような趣旨のことを言っています。

「グローバリゼーションの社会的次元とは、人々の生活と仕事、家族、社会に対するインパクトのことである。雇用、労働条件、所得と社会的保護、労働の世界に関するほか、さらに、安全、文化とアイデンティティ、社会的排除や包摂、家族・コミュニティ連帯的統合の問題も含む。現在のグローバリゼーションのあり方は、これらの問題を悪化させているという議論がある。グローバリゼーションが経済的にも政治的にも持続可能になるためには、これらの問題を軽減しなければならない。」

これを、社会的次元を担当する国連機関であるＩＬＯが受けたわけですが、ＩＬＯは、ファン・ソマビア新事務局長（かれは、コペンハーゲン・サミットの事務局長を務めました）のもと、社会的次元の欠落をdecent work（人間的な仕事・尊厳のある仕事）の不足として総括し、decent workの確保をＩＬＯの戦略的アジェンダと押し出し、ＩＬＯの目標を次のように再規定しました。（ＩＬＯ 87回総会事務局長報告「ディーセント・ワーク」）

「今日、その使命は、大きな変革の時代において、広く行きわたった人びとの重大関心事の中に共鳴しているものを見出すことです。すなわちそれはディーセントワークのための持続的機会を見出すことにあります。

今日のＩＬＯの主要な目標は、自由、公平、安全、そして人間としての尊厳を条件として、女性や男性にディーセントで生産的な仕事を確保するための機会を促進することです。ディーセントワークは、４つのすべての戦略目標、すなわち、労働における権利の推進、雇用、社会的保護、そして社会対話のすべてが収束する焦点となっています。ＩＬＯは、ディーセントワークについての政策を導き、近い将来におけるその国際的役割を明確にしなければなりません。」

そして、政、労、使の諸団体に対して、また、大企業から中小零細企業、インフォーマル・セクターまで含めて極めて包括的な decent work 確保政策を提起するが、協同組合やＮＰＯにその一端を担うものとして期待する。そこで、1966年に作られた協同組合振興勧告が時代に合わなくなったので、その改定を兼ねて、新協同組合振興勧告が出されたわけです。

われわれは、そのさい、むしろ、よりラディカルに、協同組合を含む社会的経済セクターの促進こそが社会的次元を確保するための戦略的重要性をもつと理解したいわけです。私も勉強しているうちにだんだんそう思うようになってきたのですが、なぜそうかということを、幾つかの図をご覧いただきながらお話ししたいと思います。

●「社会的経済」ベクトルと市民的(政治的)公共圏性ベクトルの意義を理解するための、いくつかの歴史的図解

〈商品経済化と近代化〉

まず、図1－A「商品経済化と近代化」。

図1－A　商品経済化と近代化

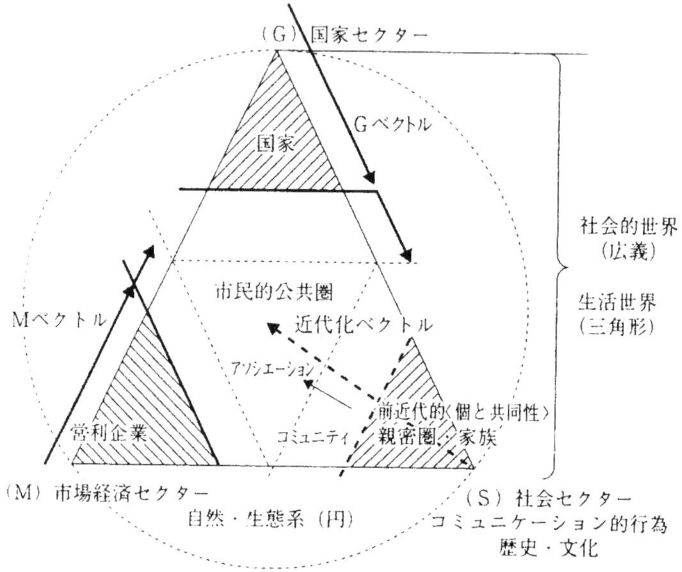

点線の円は自然・生態系を表していて、私たちはこの点線の円の中で社会を形成して生活を営んでいます。その社会とは、抽象的に言えば、互いに入れ子となった〈個—共同性〉(相互主体関係のなかにあって、はじめて個も、共同性・社会もありえる) のもとでの、人と人の相互行為の重なり合いとでも言えるでしょう。この図では、国家(権力をメディアとするシステム化)、市場経済 (貨幣をメディアとするシステム化)、社会的統合(人と人とのコミュニケーションによる社会的結合) という三つの角をもつ三角形として表わされています。しかし、これがはっきりしてくるのは、これからお話するように、そんなに昔のことではなく、近代商品経済が展開して資本主義になってからです。ですから、

近代以前は国家、市場経済、社会的統合という３つの要素が分別されず、混交してたので、三角形の角ははっきりしない。さらに、それと関連するのですが、社会的統合についても、個が全体の中に埋もれてしまっていて、個と全体社会の関係は、はっきりしていない。そのうえ、古来、社会と自然を区別しない哲学・宗教も多かった。つまり、自然と社会と個の契機・要素がすべて萌芽的にあるのでしょうが、渾然一体となっていた。

まず、はじめに確認しておきたいことは、要するに、このように渾然一体であろうと、近代のように円と三角形がだんだんはっきりしてこようと、つぎのことです。

すなわち、理性と感性、そして身体をもったわれわれは、①自然・生態系のなかの存在（点線の円の中の存在）として、自然的世界とコミュニケーション的に行為し合い、②〔互いに入れ子となった〈個―共同性〉（相互主体関係のなかにあって、はじめて個も、共同性・社会もありえる）のもとでの、相互行為の重なり合いとしての〕社会のなかの存在（三角形のなかの存在）として、社会的世界とコミュニケーション的に行為し合い、また、③それぞれの存在や行為の意味付けの体系としての、過去から未来につなぐ歴史的文化のなかの存在として、これらとコミュニケーション的にし合いながら、はじめて「その命と暮らし」を生きて来たし、生きているし、生きていくということです。このように、そこに、相互主体として生まれたわれわれが、このように幾重にもコミュニケーション的に行為し合って生きていく世界、基盤、それが「生活世界」だということです。これもハーバーマスの言葉を借りたのですが、生活世界の中で人間のすべての考えや行いが行われる。そういう自分たちの生活世界をどういうふうに認識し、変えていくか、これが問題となるわけです。

さて、少し前置きが長くなりましたが、それが近代になって、１－Ａ図のように展開してきたということです。

左下に、Ｍベクトル、営利企業、(Ｍ)市場経済セクターとありますが、商品とか貨幣が媒介する商品経済関係（市場経済）が矢印が示すようにだんだん広がってくる。そうすると、自然あるいは共同体に埋もれていた個人の中から、商品の所有者である個人、さらには、共同体から自立した個人というのが出てきます。上に向かっている矢印は、この領域がだんだん広がって社会を覆っていくということです。

ただ、そのまま広がっていく場合もありますけれども、いろいろな障害があります。ですから、市場社会が広がって、商品所有者あるいは貨幣を持った者が、自由に市場を利用して交換できる環境が必要になる。私的所有権をはじめ自由な市場取引を権力(Power)をつかってこれを守るのが国家です。もちろん、近代以前の社会でも商品経済があったり、国家的なものがありましたが、必ずしも明確でなかった。近代国家がはじめて明確にした。先ほど言いましたように、近代になって三角形の角がはっきりしてきたわけです。

国家はそういう市場経済秩序を守る。そして、すべてを市場に委ねて（レッセ・フェール)、国家はほかのところに介入しないのを原則にしました。しかし、このイギリスで典型的に現われた自由主義は、別名、自由帝国主義とも言われました。つまり、そういう市場を世界に広げるためにイギリスは世界を植民地化していった。だから、外に向かっての国家というのは非常に大きい戦争好きの国家です。そうすると、今のイラク攻撃を思い浮かべますが、そういう状況を国家が用意した。その中で、はじめて、Mセクターがだんだん広がっていきました。

Mセクターは、ある意味で効率的です。いろいろな相互了解をいちいち人と人とのコミュニケーションによって得る必要がない。カネがあれば何でも調達できる。モラルもカネの前では弱くなる、ということになります。これを貨幣メディアによる生活世界のシステム化といいます。

しかし、そういう商品経済は共同体から自立した個人をつくりあげていく。そういう状況が進んでいきます。

ハーバーマスが大学に就職する時に書いた、『公共性の構造転換』という彼の最初の書物があります。

これは、ブルジョア的な市民的公共性ですが、新たに興隆したブルジョア市民がサロンやクラブで政治や文芸などを議論することによって、自由な市民が自由に議論する空間がつくりあげられていった過程を述べています。その公共空間で、「生活世界」をどう解釈するか、どういうものとして受け止めてくるか。前近代的な社会関連の中に埋もれているのではなく、個々の自由とかアソシエーションの中にいる人間がどういう可能性を持っているか。そういうことが議論されたわけです。そして、そういう議論によって古い生活世界が問題化され、新しい生活世界に、すなわち、自然観、社会観(国家、市場、社会統合観)、文化、そして個人観のつくりかえが行われた。

その議論のテーマになるのは、１番目に、事実（客観的世界）の真理性や目的合理性。これは、客観的世界の何が真理か、何が本当か。それから、ある目的を達するにはどうしたら最も効率的か。つまり、目的合理性というようなものにかかわるテーマです。

２番目に、規範（社会的世界）の妥当性。われわれが持っている倫理的な側面とか、日常どういう原則でどうやって処理していくか。そういうことについて議論する。

３番目に、自己表出（内的世界の表出）がちゃんとできているか。そういうことが議論しているうちに分かるわけです。

そして４番目は、審美的な批判。つまり、美の基準とはこうだというが、それはどうか、こういうものが美しいのではないかというような議論もする。

前近代的〈個－共同性〉の社会連関のもとから自立・解放された、自由で平等なひとびとによるこのような「生活世界」をめぐる討議と相互行為（アソシエーション)、そしてその重なり合いのなかから、自分たちの考えを確認して共通のものをお互い生み出していく。これが生活世界のコミュニケーション的行為の過程であります。

これと著しく違うのは例えば貨幣です。貨幣は、そういう議論を一切廃して、多ければ強い力を発揮できる。いろいろなものを商品化すれば、それだけ多くのもの、人を動かせる。これが貨幣によってシステム化された市場世界で、しかもできるだけ多くを求めるように市場を編成していく。

図１－Aに戻りますが、右下は前近代的な共同性です。かつて、みんな共同体の中に埋もれていた。そこがだんだん解体されて、自由な個人が出てきて、いま申し上げたような議論をしていくうちに、「生活世界」の新しい認識、新しい自明の前提となるものをつくりだしていく。それが市民的公共圏の広がりです。これを、近代化ベクトルとか市民的公共性ベクトルとか、呼びたいと思い

ます。

ところで、これが順調に広がっていけば、われわれの生活世界は、豊かで、生き生きとするはずなのですが、残念ながら、歴史は左下の市場経済セクターの方が早く拡大してしまって、右下の社会セクターは置いてきぼりを食ってしまったわけです。

つまり、現実の歴史過程においては、前者の貨幣メディアによるシステム化のベクトルの方がはるかに逞しく、前近代的な〈個と共同性〉の社会的連関をバラバラに破壊しながら、後者の〈親密圏・アソシエーション・コミュニティ・市民的公共性(圏)〉という近代のプロジェクトを「未完のプロジェクト」のままにしたまま、資本主義という経済システムが社会全体を主導することになってしまったのです。

そうなると、われわれの生命、生活にかかわるところが貨幣に占領されて、いろいろな問題が出てきます。より多くの貨幣を獲得する利潤動機に、あるいはそのための道具的効率性によって、命と暮らしの生活世界が植民地化され、生態系内・社会内・歴史文化内存在としての相互的意味をもった人々の相互行為の意味が解体され、人々の社会連関は貧しくなるという事態です。これが貨幣メディアによる「生活世界の植民地化」です。

したがって、生活者は当然それに対して反撃せざるを得なくなります。職人や労働者のアソシエーションも叢生し、かれらの公共圏も広がりだします。公共圏が複数出てくる。そして、群集の反抗・暴動、そして社会民主主義政党の台頭、さらには革命運動などの諸々の社会変革運動などが起こって来ました。協同組合もこのとき起こってきます。

●福祉国家化

この話題に事欠かない社会運動史や、政治史の疾風怒濤の話を大きく端折っていえば、しかし、それらは、結局、人びと（市民）の公共性を僭称する国家の機能と規模を肥大化させる方向に収斂してしまったのです。

すなわち、一方で、国家主導型の社会主義の成立となり、他方で、市民的公共性を我が物とした福祉国家の成立となってしまったのです。前者においては、(G)国家セクターが(M)市場経済セクターと(S)社会セクターの底辺近くまで覆ってしまいましたが、(M)市場経済セクターが優勢な後者の資本主義諸国においても、バリエーションがあれ、原則として、国家が労動基本権・諸労働規制によって資本に対して交渉力が弱い労働者の立場をバック・アップし、また、社会保障体系を構築して、人々の命と暮らしを国家が保障する生存権を基本的人権として謳うに至りました（図1－B）。

図1－B　福祉国家化

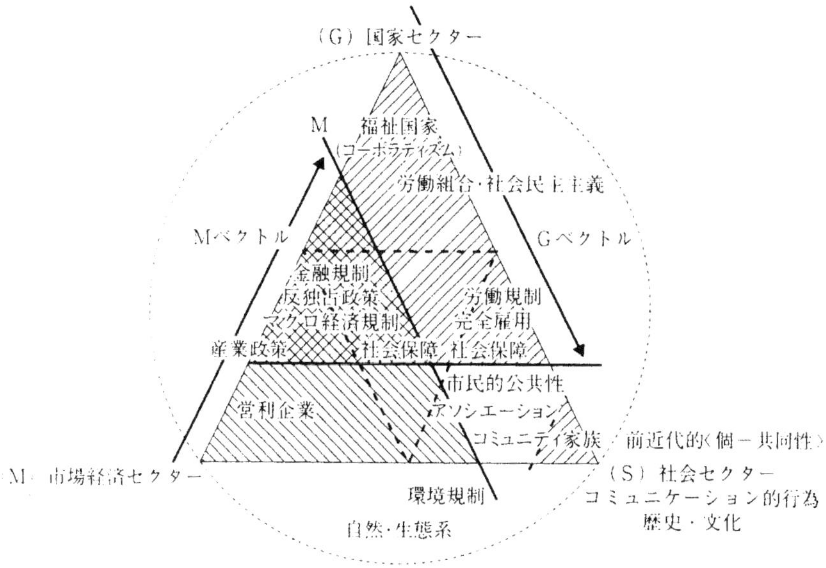

しかし、「大衆化社会」のなかで「市民的公共性」がやせ衰え、市民は国家の顧客ないしクライアントに堕してしまう傾向、すなわち、国家（権力メディア）システムによる植民地化の傾向が出てくることになってしまったのです。

市民が能動性を失うことは、いうもでなく、市民的公共性が、つまりは、生活世界のコミュニケーション的合理化の方向が、国家（権力メディア）や市場(貨幣メディア)によるシステム化に支配されるようになることです。そうなると市民は受動的になり、いまや福祉国家の顧客としてより大きな福祉国家を、大衆消費市場における消費者としてより大量の消費をもとめ、市場と福祉国家の両システムが、消費者とクライアントのより大きな要求を満たす限り、つまり、さしあたり、社会はシステム的安定を保つことができました。(国家主導型社会主義は、このような、「歪められた（システムに支配された）市民的公共性」すら市民から、また、経済セクターからも自立（律）性を奪っているゆえに、国家は、対社会セクター、対経済セクターの、権力的抑圧とそのストレスの高まりのうちに崩壊を免れなかった。)

しかし、いつまでもそういうことは続きません。草の根の市民が相互行為の意味を、したがって連帯や自発性を失って福祉国家のクライアントとしてますます多く福祉国家に依存すれば、財政は膨張せざるを得ません。膨張する財政を支えたのは、経済の高度成長ですが、その高度成長は、第二次世界大戦後のように、大量に失業が存在し、賃金が相対的に低く、かつ、資本蓄積の格好の対象として耐久消費財市場が現れ、石油による原材料・エネルギー革命をはじめ、さまざまな技術革新が一挙に押し寄せ、しかも、環境制約を考えずに済んだゆえに、それは可能でした。しかし、高度成長自身がこの高度成長の条件を消耗させてしまいました。高度経済成長を牽引してきた大量生産―大量消費の耐久消費財産業の成熟が投資機会を枯渇させるとともに、大量生産－大量消費の高度成長が環境制約を切迫した問題として登場させてしまったのです。

1960年代末から70年代初めにかけて、先進諸国は、均し並に不況とインフレーションが並存するスタグフレーションに陥ってしまい、福祉国家化の限界が告げられたのです。

●新自由主義

このときに2つの道がありました。ひとつは、これからわれわれが追求するような、市民的公共圏を広げ、社会的経済セクターの振興と民主主義の民主主義化を梃子に新しい社会経済システムをつくる機会が訪れた。新しい社会運動が澎湃と起こり始めました。生活クラブの運動が始まったのもこの時期ですね。ヨーロッパでもアメリカでも新しい運動が起こりました。

しかし、もうひとつの道、すなわち、アメリカ、イギリスという新旧の覇権国で始まった、冒頭で述べたような昔の野蛮な資本主義に逆流させる新自由主義がまずは優勢になってしまったのです。人びとの生活を国家が負担して支えたり、企業に負担させて面倒を見るというのは政府のでしゃばりすぎの過剰な約束で、政府は引っ込んで、企業に自由にやらせたらよい、という考え方です。

図１－Ｂから図１－Ｃへの転換を見てください。福祉国家が社会の維持を意図して課した諸規制の緩和・撤廃と社会保障・福祉の大きな政府からの撤退であり、資本蓄積のダイナミックスの解放です。かくて、命と暮らしの生活世界は、疎外されたかたちであれ、福祉国家によって体現されていた市民の公共性すら奪われ、貨幣メディアによって植民地化されるままに放置されることになったのでした。

図１－Ｃ　新自由主義

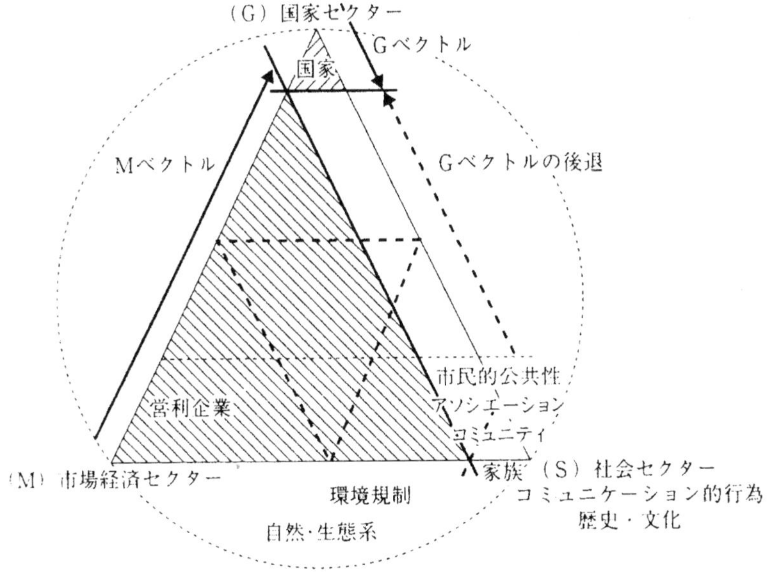

ただ、この図は国家が小さすぎます。実際の財政規模はじつはほとんど小さくならないし、今のようにアメリカ的システムと価値で世界を制覇しようとするような戦争を始めてしまったら、減るどころか大きくなってしまいます。ですから、新自由主義というイデオロギーを極端に描くとこうなる、というようにご理解ください。

しかし、アメリカは、国内だけ新自由主義でやっても、景気は容易に回復しませんでした。そこで、すでに、国内で利益を上げられない資本は、直接投資を進め、多国籍企業による海外での生産は、アメリカの輸出に匹敵する規模に達し、その蓄積基盤はすでにグローバル化していましたが、これを一層推し進めるとともに、グローバル化の次元をさらにつぎのように高めていったのです。

まず、商品、サービス貿易の自由化をやり、最後に進めたのは金融の自由化です。

その帰結は何か。

商品、サービス貿易の自由化の下で、途上国は、かつて先進諸国が生活世界を基盤に国民経済を構築するべく幼稚産業育成政策や、ごく最近まで社会の安定のために保護政策を行っていたにもかかわらず、それを許されず、同じ土俵で闘わなければならない。また、電力、水などの生活に欠かせない公共財の供給も、グローバル市場の採算に委ねられるばかりでなく、人類の公共財とも言うべき先端科学や先端技術、あるいは途上国の人々の今までの営みによって確保されてきた生物種の遺伝子の多様性を破壊され、多国籍企業に囲い込まれ、今までの生活の営みそのものを破壊される事態も現れた。

その中で、途上国の経済のありようは、その国・地域の社会的・自然的基盤から離れ、多国籍企業や先進国本位のカネの流れに委ねられてしまう。しかも、そのカネの流れは、いまや実物取引の何十倍にもなっているホットマネーの投機的な動きが支配する、まさに、カジノ資本主義、バブル資本主義というものになってしまいました。

そして、ホットマネーは、つぎつぎといろいろな地域でバブルとその破綻を繰り返させ、最後はアメリカに集中したけれども、そのアメリカのバブルも破れてしまい、70年ぶりに世界大不況期の到来が予想されます。さらに、政治的にいえば、このような新「自由帝国主義」をさらに拡張するために、国際的な合意、legitimacy・正統性のないまま戦争する、しかも、先制攻撃ありというような事態です。これは、私は最初に「極度の植民地化」と申しましたが、極度というような程度の問題ではないかもしれない。別の言葉を作った方がいいかもしれません。

図1－D　民主主義の民主主義化と社会的経済促進

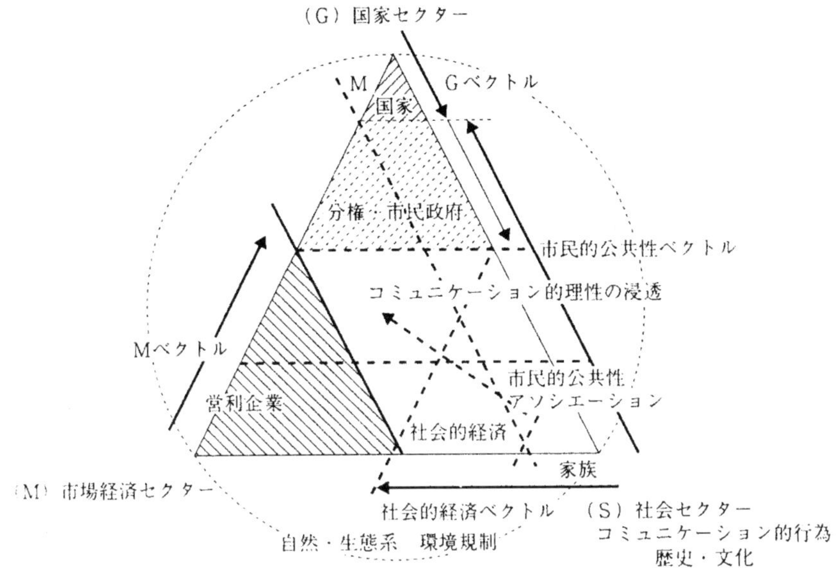

●民主主義の民主主義化と社会的経済促進

そうすると、結局われわれが目指すべきは、図1—D「民主主義の民主主義化と社会的経済促進」になります。

人類が21世紀以降もその歴史の歩みを続けていこうとするなら、人々が、自然・生態系の中の、また、過去から未来へつなぐ文化の中の、〈個・共同性〉を契機とする相互行為の重なり合いとしての社会の存在としての自らと自分たちの〈個・共同性〉を、今度は、国家にその公共性としての共同性を譲り渡すことなく、取り戻さなければならない、ということです。

それはつぎのことを意味します。ひとことでいえば、社会の底辺の草の根の人々の間からボトム・アップで「新しい（広い意味の社会的）公共性」をつくりだすということですが、よりくだいていえば、一方で、形式化した民主主義を人々の参加によってさらに民主主義化することによって「新しい政治的公共性」を創り出すことです。しかし、同時に、他方では、「社会的経済」のネットワークづくりによって「新しい経済的公共性」をも創り出し、システム化された経済の肥大化をそれによって、その適切な位置とシェアに押さえ込むことです。

ですから、近代初期のブルジョア的サロンや職人、労働者の多様なアソシエーションの叢生を思い出していただきたいのですが、とにかく、われわれは、いたるところで、寄り集まり、話し合って、当たり前と感じているわれわれの「生活世界」をもう一度考え直してみる必要があるようです。挫折している「未完の近代のプロジェクト」の完遂ですね。

そうすることで、一方で、経済それ自体を―サービス、介護、教育なども含めた人間の活動と言う方がよいかもしれませんが―、もう一度議論して、互に合意し合える、共感し合える、連帯し合えるものとして取り戻していく必要があります。図の一番下に社会セクターから市場経済セクターへ伸びる「社会的経済ベクトル」とありますが、これは、そのことを表すベクトルです。

もう一つは、国家に譲り渡してしまったわれわれの政治的公共性をわれわれの手に取り戻す「市民的政治的公共性ベクトル」で、やはり社会セクターから左上の国家セクターに伸びる矢印かこれです。大きくなった今の政府はどうも使い勝手が悪く、自分たちの思ったように使えない。不都合な規制がいろいろあるにもかかわらず、必要な規制が無い。歳出は国に統制されて、不必要な、場合によってはわれわれの命と暮らしにマイナスになる事業に充てざる得ないにもかかわらず、われわれが議論の末必要と考える共同の事業をやる財源が無い。ですから、政府、とくに地方分権を本格的に進めて、自治体をわれわれの手に取り戻すとともに、市民立法、市民行政を進める必要があります。

簡単にいえばこういう話なのですが、この「新たな公共性」の性格について、いくつかの論点を提示しながらもう少し詳しく見てみようと思います。

2 〈個・アソシエーション・公共性〉による「新たな公共性」の追求

(1)「新しい公共性」の諸特徴と「社会的経済セクター促進の意義」

1 〈a new public political sphereとa new public economic sphere

―言語と行為・身体性とコミュニケーション的理性〉

ハーバーマス理論をどう読むかは、ちゃんとした議論を要する点ですが、私が見るところ、ハーバーマスは不透明なことが嫌いで、しかも、二分法癖がある。議論の大前提である生活世界の相互主体性を基礎づけるとき、いわゆる「言語論的転回」という英米系言語哲学による道を採用したこととも関係して、ことばによる議論と実際の行為を二分化してしまう傾向を否めない。とくに物的な生産に関わる目的合理的な行為は、システム化された経済セクターに入れてしまい、生活世界とシステム化された世界と二分されてしまう。それゆえ、生活世界の中でなされるコミュニケーション的行為の広がりと経済セクターは、直接浸透し合わない。かれによれば両者を媒介するものとして、言語からなる法が重要な役割を果たす。したがって、かれがコミュニケーション的理性の社会への浸透において専ら力点を置くのは市民的公共性の法制化であり、市民主権の確立、市民立法の推進などです。ここに、民主主義の民主主義化を推進するラジカル・デモクラテットとしての面目躍如たるものがあります。

しかし、行為と言語とは切り離しえない部分、とくに身体的コミュニケーションのようなものを考えればそうですし、生産的労働がコミュニケーション的契機をまったく欠くということは考えられません。

最近、市民社会の再生（Zivilgesellschaft）の旗手としてハーバーマスが注目されていますが、その人々は新しい公共性の法制化に論点を集中するハーバーマスに注目しています。もちろん、それはきわめて重要ですが、それだけでは片手落ちで、a new public economic sphereも大事だと思います。むしろこれが新しい公共性の基盤になるのではないでしょうか。少なくともa new public political sphereとa new public economic sphereとは相乗関係にあります。ですから、新しい公共性をトータルに回復していかなければいけない。

２〈新たな公共性の追求―多様性と社会的包摂〉

★図２　ＮＰＯをめぐる諸概念の構図（★印は重複のため本稿では省略）

新たな公共性の性格として二つ目に指摘したいことは次のことです。

「ＮＰＯをめぐる諸概念の構図」です。「社会的経済」促進プロジェクトで話をしていただいたときに、ＮＰＯセンターの山岡理事長が（74頁、図－１参照、ここでは省略）提示してくれたものです。

ＮＰＯは、ミッション（使命）指向性が生命線であると捉えます。企業にもミッション指向性をもつものがありますが、企業であるからには営利指向性が優先する。ＮＰＯ（非営利組織）とＦＰＯ（営利組織）を連続線上に置き、右に行くほど事業性、営利指向性が強く、左に行くほどミッション（使命）指向性が強いと考えると、協同組合は、共益組織として、こだわり企業（営利だけではなく、何かにこだわる）とともにその中間に位置づけられるとおっしゃっています。

しかし、ミッション(使命)指向や何かにこだわることは、まさに、意味を担う行為としてこれを取り戻そうということであり、私たちが言ってきた、コミュニケーション的理性を回復しなければいけないということでは全く同じです。

★図３　「官による公」と「民による公」の関係

つぎに、山岡さんの「ＮＰＯをめぐる諸概念の構図」(76頁、図－２参照、ここでは省略）は、社会的セクターとそれが開示する「新しい公共性」について、もう少し具体化して、簡にして要を得たイメージを提供しています。ですから、この図を前提にして、もう少し「新しい公共性」の性格を探求していきましょう。

まず、右下のいろいろなＮＰＯや協同組合が追求する、使命なり意味が、「新しい公共性」を勝ち取るためには、ハーバーマスにしたがえば、互いにより開かれた討議が必要です。

ところで、公共性というのは、先ほど言いましたように人と人とが自分たちの「生活世界」を開いて確かめ合う。そして共通のもの確認したり、つくっていく。共通のものが出来れば、それがお互いのものということで公共的なものになる。

最もプライベートな親密圏がいくつか集まり、互いを他に開いて共通のもの確認したり、つくっていく。例えば団地の何人かの家族、あるいは村の家族がいくつか集まって、ちょっと広い団地会議か部落会議をやる。個々の家族から見れば、それが一番近しい公共圏です。そして、そういう団地とか部落がいくつか集まると、村とかブロック・地区の公共性になるわけです。しかし、それぞれの団地なり部落なりは、それぞれ、ほかにはないユニークなものを持っている。そのユニークなものを残し、認め合いながら公共的なものを確認する。だから、豊富化するといいますか、それが新しい公共性です。

ついでに、ここでコミュニティとか国家の関係もお話ししておきますと、図４「アソシエーションと公共圏(性)、コミュニティと国家」のように、公共性が広がり重なり合っていくと、ある部分は、とくに「命と暮らし」の営みが関わるところでは、極めて濃密にかかわり合う部分が出てくる。それがコミュニティです。

図４　アソシエーションと公共性

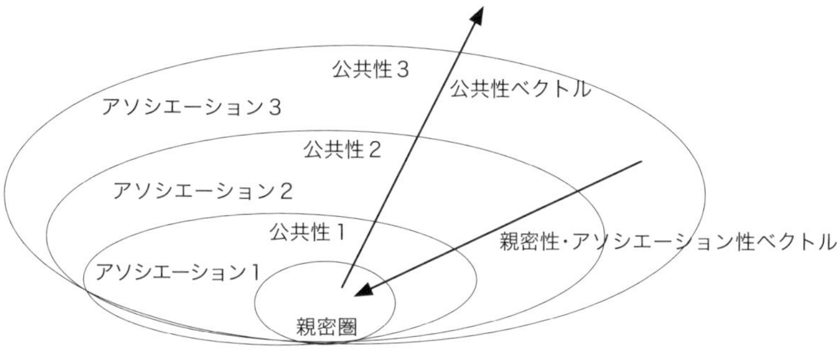

しかし、コミュニティとアソシエーションの重なりとは、必ずしも一致しないところがあります。とくに一致しないのは国家のひとつの機構になったときで、例えば、自治体になったときはひとつの権力機構になるわけです。ですから、図では、公共性２＝コミュニティ２＝基礎自治体となっていますけれども、とくに、コミュニティ２と基礎自治体の間にはギャップがあります。そのギャップを埋めていくのが、市民の側が自治体を新しい公共性に近づけるということです。また、図は簡単化のために、同心円になっていますけれども、必ずしも同心円ではなくて、縦横に錯綜しえます。例えば、アソシエーション10は外国のアソシエーションとアソシエーション10をつくっているのに、アソシエーション４はつくっていないとか、多様に入り乱れていると考えていただきたい。

さて、いまは、空間的に外へ開いていくイメージをお話しましたが、自分たちを開いて、他と互いの多様性とともに共通のものを認め合うというとき、一番難しいのは、声を出さない人たち、いわゆる社会的弱者に開くことです。国際的にいえば最貧国の最貧地域、とくにその中の子どもとか女性ですね。

したがって、新しい公共性は inclusion（社会的包摂）がとりわけ大事になってきます。

★図５　架橋的な労働市場モデル

図５「架橋的な労働市場モデル」(30頁、図－３参照、ここでは省略）は、これも「社会的経済」促進プロジェクトで、宮本太郎氏が「ヨーロッパの社会的経済の新しい動向」という話をなさったときに、G. Shmidt のモデルを改良して、「社会的経済」の新たな役割を示唆してくださったものです。

スウェーデンは福祉国家としてもっとも成功した国ですが、そこでもグローバリゼーションの進展とともに「二重構造」あるいは社会的排除が現れ、福祉国家の危機に遭遇しているそうです。スウェーデンは積極的労働市場政策が有名で、失業した場合、労働市場に戻れるように技能訓練をしています。しかし、最近、そういう訓練を受けても労働市場に戻れない人たちが問題になっている。そういう人たちをどういうふうに社会的に包摂するかということが問題になっているそうです。

この図は、Ⅴが失業した場合、職業訓練を施して労働市場に復帰させる従来の積極的労働市場政策を表しますが、Ⅰ、Ⅱ、Ⅲ、そしてⅣは、それぞれ、労働市場と労働市場の周縁に位置する、教育、家族、……を架橋する橋で、セイフティー・ネット、あるいは、むしろ安心とリフレッシュ、新しいフレクシブルな仕事・生きがいの場となる橋を表しています。この橋は、自由に、人生何度でも教育し直すリカレント教育(Ⅰ)や育児・介護(Ⅱ)のように、行ったり、来たりしてフレクシブルに就労を続けられるようにする橋です。とくに、右下にある社会的経済は、このような社会的包摂に有効で、しかも、左下の福祉国家の政策と営利企業も含んだ福祉ミックスのコーディネーター機能を果たすものとして有力だといっています。

ここに、声なき弱者を包摂することが同時に多様性の相互承認となるという、新たな公共性の第二の性格がもっともよく窺がえるのではないかと思います。

3〈地域社会のオートノミー〉

以上で申し上げました、〈a new public political sphereとa new public economic sphereとの相乗〉、〈弱者を含む多様性の社会的包摂〉という特徴をもつ「新しい公共性」を私たちが得ようとすれば、すぐに行き着く結論は、地域社会の社会経済的、また生態系的、そして、政治的オートノミー（自治）の確保でしょう。

それがなぜかというと、地域がわれわれの生命と暮らしの場ですね。エコ・システムとの関係でもフロンティアであるわけです。われわれが地域の中で生活して、その影響がエコシステムに戻っていく。それをどういうふうに持続可能にするか。それから、〈弱者を含む多様性の社会的包摂〉による社会の維持。コミュニケーション的行為、アソシエーションが一番濃密に交錯しているのが地域です。しかも、われわれの手の届く範囲にある。つまり、〈a new public political sphereとa new public economic sphereとの相乗〉に直接参加できる。これが地域社会の再生が目的になる理由だと思います。

具体的には、生活クラブ生協の河野栄次さんがつくられたものですが、図6「協同組合地域社会の模式図」がそのイメージを提供しています。地域社会を協

図6　協同組合地域社会の模式図

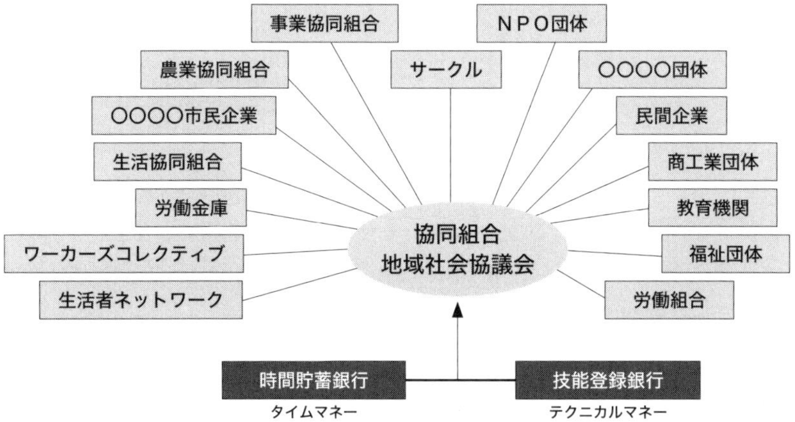

協同の理念と原理が息づく“まち”—自立した人々の登場

同組合的につくりあげていく。そのポイントは、地域の自分たちの自立性をまさにコミュニケーション的理性によってつくりあげていくということです。

同じことだと思いますけれども、内橋克人氏がＦＥＣということを言っています。Food（食の生産と流通)、Energy（再生可能なエネルギー)、Care（社会的介護)、この３領域が、まさに、「命と暮らし」(Subsistence）を支える社会的基盤であり、循環型社会の基礎をつくるものです。こういう領域こそ、社会的経済が最もよくその本領を発揮し易い領域であるし、発揮すべき領域だということです。

さて、「新しい公共性」の特徴について、現在ではもうひとつ重要な特徴があるのですが、そのまえに、「協同組合地域社会」というのが出てきましたので、ここで、以上のような、「新しい公共性」を追求するさいに、社会的経済セクターのなかでも、協同組合というのは、どういう特徴をもっているのか、についてちょっと触れておきたいと思います。

⑵ 社会的経済セクターにおける協同組合の特徴とその可能性

「新しい公共性」の特徴として、以上に、〈a new public political sphereとa new public economic sphereとの相乗〉、〈弱者を含む多様性の社会的包摂〉、そして、〈地域社会の社会経済的、また生態系的、そして、政治的オートノミー〉という特徴を挙げてきましたが、協同組合というのは、その組織形態自身のなかに、これらの特徴をいわば結晶化させてもっている、そういう組織ではないか、あるいは、少なくとももちえる可能性を潜在的にもっている組織形態なのではないかと思います。

協同組合は、資金形成―政策形成・決定―事業遂行―評価の全過程を、個々の組合員メンバーのアソシエーションとして、互いを開き合い、議論して決めていく参加民主主義、すなわち、a new public political sphereが可能なっています。また、事業遂行の過程は、まさに、a new public economic sphereそのものであります。

協同組合は、また、個々の多様な、個性ある組合員メンバーが、うえの活動にフレクシブルに参加し、そういうアソシエーションの構成メンバーとしてのアイデンティティを獲得できる組織形態です。とくに、イタリアの社会協同組合B型のように、サービスを受ける障害者自身が協同組合のメンバーとなって、この活動に参加するというのは、〈弱者を含む多様性の社会的包摂〉のあり方として注目されます。日本でも、医療サービスを受ける人々とサービス供給者が地域医療の協同組合を長年にわたって、全国あちこちで営んできています。

そして、三番目の〈地域社会の社会経済的、また生態系的、そして、政治的オートノミー〉は、いま、うえで指摘しましたように、生活クラブ生協に見るように、すでに実践過程に入っています。

しかし、眠れる協同組合とよくいいますが、協同組合全体が、必ずしもそうなっていないところが大問題です。これは、つとにレイドローが心配したところで、まだ眠っているものがある。あるいは、途上国や旧社会主義国がそうでしたが、国家に従属したりしているものや、先進国の消費者生協のように、巨大多国籍企業とマーケットで張り合っていて、社会的経済の域になかなか行かないものがあります。レイドローが掲げた協同組合に対する危機的診断とその克服の課題とは、残念ながら、今なお妥当性を失っていないと言わざるを得ません。

さらに、協同組合がその潜在的可能性を発揮できるためには、とりわけ、〈地域社会の社会経済的、また生態系的、そして、政治的オートノミー〉の形成に向けて潜在的可能性を発揮できるようにするために、組織的なイノベーションが必要です。例えば、協同組合はいろいろなことが自由にできるようにしなければならないし、図6に画かれているような組織、団体も参加できるようなマルチ・ステークホルダー協同組合や、それらの間の極めて柔軟なネットワークで結ぶことが可能になるような、法制度改革、地方分権の推進をはじめ、ミクロ、マクロの組織イノベーションが必要です。ヨーロッパでは、ソーシャル・エンタープライズの叢生のように、すでに、そのようなイノベーションが行われ始めているということです。

⑶「社会的経済セクター」を超えて

図7「コミュニケーション的『理性』浸透の多様なルート」の真ん中に位置づけられているのが市民的な「新しい公共性」ですが、それと左側の社会的経済セクターの相乗的関係について、いままでお話してきました。しかし、そこ

で形成されてきたコミュニケーション的合理性、すなわち、「新しい公共性」は、「社会的経済セクター」を超えて図の矢印が示すように、直接に市場経済セクターに、あるいは、市場そのものにインパクトを与えることができます。

たとえば、エコ・マークやフェア・トレード・マークを含む企業の市民評価、共同購入や製品ボイコットなどによって市場を通じてインパクトを与えることができます。

それから、いまの日本の労働組合は、なかなかそうはいきませんが、労働組合が地域や市民に開き、提携してくれるようになれば、従業員・労働組合の経営参加を通じて、あるいはさらに、企業のあり方をステークホルダー・キャピタリズムに変えていくことができれば、直接に市民参加や自治体参加によって、企業経営にインパクトを与えることができます。

そして、もう一つは、ハーバーマスが強調するように、立法や行政過程に市民参加し、法を通じて企業や市場にインパクトを与えていくルートがあります。そのさい、財政自主権をはじめとする地方分権を推進することが枢要な役割を果たすことは、もはやいうまでもないことだと思います。図の中にある補完性原則（Subsidiarity）とは、可能な限りの自主権を住民にもっとも身近な自治体が持ち、より広い範囲の政府は、身近な自治体ができかねる機能を補完する

図７　コミュニケーション的『理性』浸透の多様なルート

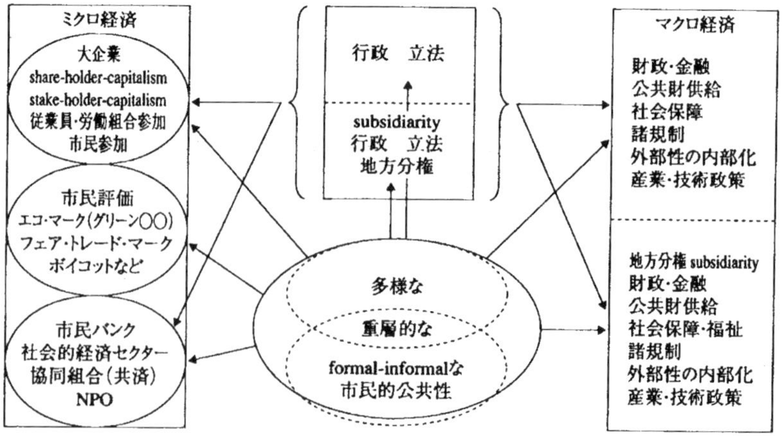

役割に徹するという原則です。

3 「新しい公共性」のグローカル性

ところで、現在進行している新自由主義的なグローバリゼーションの中では、「新しい公共性」の追求をここで終わることができません。

というのは、先にみたように、新自由主義的グローバリゼーションのもとでの社会の解体、自然・生態系の破壊は途上国の人々の生活世界において、とりわけはなはだしく進行しているからです。そして、この問題は、先進諸国、途上諸国・地域が新自由主義的グローバリゼーション、あるいは、Stiglizのいうグローバリゼーションによってますます一体化してきているゆえに、途上諸国・地域の人びとの問題であるとともに、同時に、われわれの問題でもあるからです。たとえ、途上国の人びとの生活世界の「極度」の植民地化に鈍感な人びとにも、新自由主義的グローバリゼーションは次のようにわれわれに迫ってきます―これは、もっとも穏やかな迫り方ですが―。

新自由主義的グローバリゼーションは、あらゆる国・地域で、いよいよ激しくなるグローバル市場でのメガ・コンペティションに勝ち抜けるように、個々の企業に、あるいは国家に競争力の強化政策を迫っています。

グローバルな市場で勝ち抜く競争力強化政策は、たしかに、個々の企業、個々の国にとっては合理的でしょう。しかし、すべての国が勝利するわけには行かない。とりわけ、広範な影響力をもつ先端科学技術、グローバルな市場におけるデファクト・スタンダード、収穫逓増や集積の利益が大きな意味をもってきている現在のグローバル市場においては、合成の誤謬を帰結してしまう危険が大きいのです。

ユニークなイノベーションは、定義によって、多数者は多くの場合これを確保できない。多数者はフォロワーになるしかない。フォロワーの間では、生産要素のコスト切り下げ競争が蔓延します。多くの企業、国家は、それゆえ、「底辺への競争」(労働条件切下げ競争、環境基準切下げ競争) を余儀なくされる。先進諸国は、産業空洞化や停滞の著しい国・地域からの大量移民の流入を免れないでしょう。

そこで、確認しておかねばならないことは、われわれのコミュニケーション的理性による討議、コミュニケーション的行為は、社会の解体、自然・生態系との連関の破壊に瀕する途上国のひとびとにまで開かれ、彼らを包摂することによって、より広い、高次の「新しい公共性」を獲得するのでなければ、われわれの「新しい公共性」の創出は終わらない、ということです。

その場合、最も重要にして基礎的なのは、まさに、社会の解体、自然・生態系との連関の破壊に瀕する途上国のコミュニティにおいてこそ、〈「社会的経済」の振興〉が図られなければならず、また、それによって、〈多様性の尊重と社会的包摂〉と〈地域社会の社会経済的、生態系的、そして、政治的オートノミー〉を追求することができるようになることは、前節(1)で、「新しい公共性」の諸特徴と「社会的経済セクター促進の意義」を論じたわれわれには、容易にうなずくことができることだと思います。途上国の場合、このような社会経済セクターは、そのウエイトと役割において先進諸国の場合よりはるかに大きくなり得る可能性があります。

重要なことは、このことによって、途上国の人々、とくに社会的に排除されてきた人びとも包摂して、「命と暮らし」Subsistenceを確保できるようになり、「底辺への競争」に底ができ、「底辺への競争」の圧力が緩和されるということです。ＩＬＯがグローバリゼーションの中でdecent workをグローバライズし、グローバリゼーションの社会的次元をつくろうといっていますが、そのたしかな手がかりは、まさに、ここに求めることができると思います。

しかし、社会的経済セクターの主導によって、〈多様性の尊重と社会的包摂〉と〈地域社会の社会経済的、生態系的、そして、政治的オートノミー〉を追求することは、たとえば、ＦＥＣの三領域をすべて社会的経済によって担いきることではない。もちろん、経済セクターをすべてアウタルキーにすることでもない。その無理は、歴史的にも実証済みです。

内橋克人のいうように、貨幣システム（資本主義的生産）の発展は、一定の程度までは、人々が、自然・生態系のなかの存在としての、社会のなかの存在としての、また、歴史的文化のなかの存在としての、その命と暮らしの営みを豊かにするのに貢献します。別のことばをつかえば、人びとと社会の潜在能力(capability＝well-being and well-doing)を高めるのに貢献し得る。しかし、それは、きわめて不均等で途上国の多くを未発展のままにして、グローバル資本主義の展開は、その一定の程度を超え、総じて社会の存立条件を脅かすようになってしまったのです。

したがって、途上国の場合、途上国の人びとのcapability(well-being, well-doing)増進に資す限りで、経済の発展を進める産業政策（開発主義政策）が、あるいは、さきに言及した「国民的競争国家」の「構造的競争力」向上政策も必要だと思います。

しかし、それは一定の条件付でです。すなわち、社会的経済の促進、そして民主化（あるいは、民主主義の参加民主主義化）とともに、同時になされなければならないのです。経済開発が先で、その後に、「開発主義をこえて」というのは、統計的に実証できない開発独裁体制の弁護論であり、民主主義が「貧困の克服」のかぎとなるとは、まさに、アマルティア・センが生涯の仕事として、あくなく説くところです。われわれは、民主主義とともに、社会的経済、そして、両者を包括する〈地域社会の社会経済的、生態系的、そして、政治的オートノミー〉を「貧困克服」の鍵となるということにしましょう。

ところで、うえの1)にしろ、2)にしろ、国・地域によって、これができる国・地域とできない国・地域地域があります。ですから、社会的経済（アソシエーション）間・地域社会（コミュニティ）間・自治体（国家）間協働というふうに、それらの間での協働が必要となってきますが、いままでのお話からいえば、ここでこそ、われわれのコミュニケーション的理性による討議、コミュニケーション的行為は、社会の解体、自然・生態系との連関の破壊に瀕する途上国のひとびとにまで開かれ、彼らを包摂することによって、より広い、高次の「新しい公共性」に展開するのでなければ、われわれの「新しい公共性」の創出は終わらない、というべきでしょう。

そこで、図８を見てください。横軸は〈多様な／グローカルな公共性〉を、縦軸は、アソシエーション―公共性の重層性を示しています。

〔①〕層の、人びとの「命と暮らし」にもっとも身近な〈多様な／グローカルな公共性〉とは、まさに、〈地域社会の社会経済的、生態系的、そして、政治的オートノミー〉を追求する多様な社会的経済の叢生と、先進、途上国それぞれの国内の、そして先進国—途上国間の、またグローバルな社会的経済ないしアソシエーションの連帯、共同事業などを表そうとしたものです。

〔②〕の層は、先進—途上国のローカル・コミュニティ間の局地的経済圏、そして、先進—途上国間のそれらをも含む国民経済間のリージョナルな経済圏を

図８　「新たな公共性」のグローカルな性格

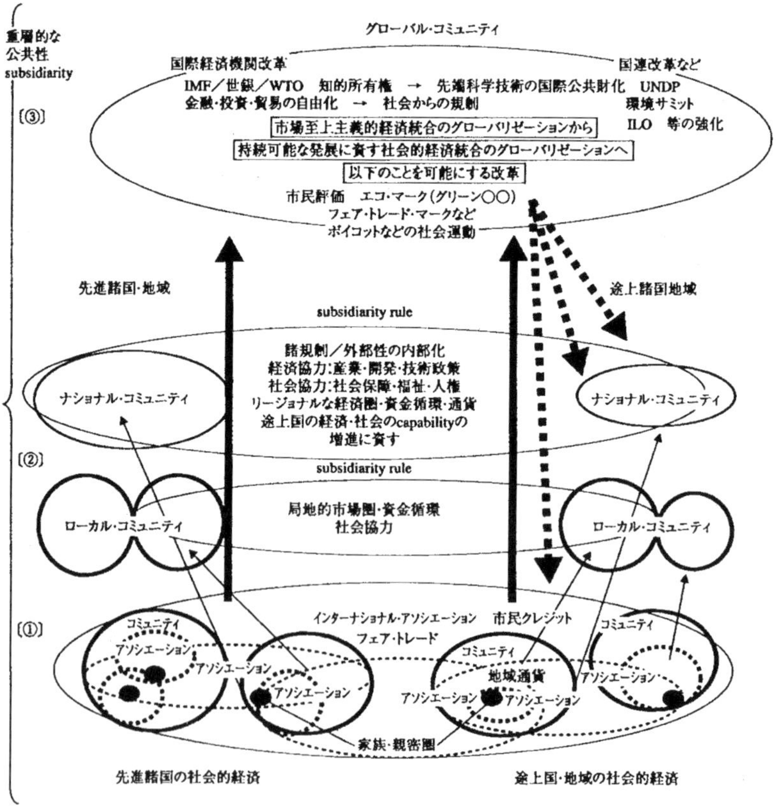

表そうとしたものですが、ここで重要なのは、たとえば、自由貿易経済圏（ＦＴＡ）ような、たんなる経済圏ではなく、同時に社会的ディメンション、エコロジカル・ディメンションをもつものとして形成されなければなりません。そのように形成されるためには、まさに、〔①〕層からの矢印が示すように、〔①〕層で形成される「新しい公共性」のインパクトが〔②〕層に及ばねばなりません。

さらに、そのようなことが可能になるためには、図に見るように、〔③〕層の自由主義的グローバル化を推進する国際経済機関、とくに、左上のＩＭＦ、世界銀行、ＷＴＯのあり方を変革しなければなりません。「新たな公共性」あるいは「コミュニケーション的理性」は、草の根からとともに、「新自由主義ベクトル」をグローバル・コミュニティに放つ戦略的中枢機関のあり方を、いわば上からと下からと同時に変革しなければならないのです。

下からの「新たな公共性」にインパクト（下からの太い矢印）が〔③〕層に届き、例えばＩＬＯのDecent Workの確保アジェンダやその一助としての「協同組合勧告」が社会的次元の確保に資するということは、〔③〕層からの太い点線の矢印が表しています。

この図から、多国籍企業、多国籍企業を擁するアメリカ、イギリスをはじめとする先進諸国、そしてそれらが牛耳る左上の諸国際経済機関、制度から発する、新自由主義的グローバリゼーションを推進するベクトルと〔①〕層の草の根の社会的経済のアソシエーションとそれらのネットワーク（広く捉えれば図７に見るように、地域労働組合、地域経済団体なども含む）から発する「新しい公共性」を追求するベクトルとの多様で、重層的な対抗関係を読み取っていただきたいと思います。冒頭に申し上げましたが、そのどちらが優勢を占めるかで、21世紀の展開が大きく変わる。われわれは、まさに、歴史の転機に望んでいるのではないでしょうか。

4　日本における社会的経済セクター促進の特別な重要性

以上は、とくに日本の状況を意識してお話したのではなく、世界的な流れをお話してきたのですが、最後に、日本の状況を見ると、全体的には、ヨーロッパ諸国、さらにカナダやいまはブッシュ政権に圧倒されていますが、草の根アメリカなどと比べても、社会的経済セクターと、「新しい公共性」の広がりは、なかなか進展していない、といわなければなりません。

ＮＰＯは、阪神・淡路大震災以来、ようやく日の目を見、ＮＰＯ法もできましたが、その社会的経済セクターとしての意義が、ヨーロッパと全然違って、日本では殆ど公認されません。一部の、税金の無駄遣いの「特殊法人」と一緒の扱いをされかねない状況です。協同組合の方も、数からいえば極めて大きなセクターとなっていますが、従来の社会主義諸国や多くのアジアの国と同じように、国家の政策の伝達ベルトか利益団体に堕してしまうか、あるいは、多くの消費生協のように、巨大流通資本と同じ土俵にあがってしまい、ここでも、社会的経済セクターとしての意義がなかなか自己認識されない。社会的経済セクターの意義については、もう10年程前から生協関係者や研究者によって、ヨーロッパでの状況が紹介され、日本でもその振興が画されました。しかし、なかなか進展して来なかったのが日本の現状です。

そこで、日本社会は、まだ市民社会になっていないとか、日本人の国民性だ、などの議論もあります。国民性となると、宿命論めいてきますが、たとえ、そうだとしても、ここに来て、宿命論を覆して、社会的経済や「新しい公共性」が日本でも展開する歴史的なチャンスが来たのではないかとおもいます。そう考える根拠をいくつか挙げておきましょう。

第一には、冒頭でお話しましたが、新自由主義的グローバリゼーションによる人びとの「生活世界の植民地化」が極度に進んでしまった、ということです。もう、言うまでもないと思いますが、途上国の飢えと貧困（decent workの欠如）、食、水の危機、臓器から遺伝子から種子から、根本的なところがグローバリゼーションで商品化され、資本の営利活動の流れの上に乗せられてしまいました。その資本主義が、こともあろうに、バブル資本主義・カジノ資本主義になってしまった。われわれの生命と暮らしが、投機で振り回され、行き着くところまで来てしまったのではないか。ですから、生きるためには、subsistenceを確保するためには、どうしてもやらざるをえないというニーズが、今までになく高まってきているのではないかと思います。

第二に、まがりなりにも、いま分権推進の波が高まってきました。首長選挙は、勝手連などがでてきて、最近、政治的にもっともホットな話題になってきているのではないでしょうか。

地方から、ようやく「新しい公共性」の湧き上がりが感じられるのです。

第三に、それを担っているのが、あらゆる領域での女性パワーの台頭で、それにともなって、「多様性の承認と社会的包摂」という「新しい公共性」が広がりつつあるのではないかというふうに思います。

第四に、アメリカの仕掛けたイラク戦争よって、国際的公共秩序がこんなに歪められている事態はない、何とかしなければいけないという機運が、世界中で高まっているのではないでしょうか。　とくに、ここ20年の、そして目立つのはここ10年の新自由主義的なグローバリゼーションの猖獗（しょうけつ）は、そういう必要を高め、同時に、それを可能にする一定の運動の蓄積が進んだのではないか、と思います。

ですから、まさに歴史の選択で、２世紀か３世紀逆戻りするか、それとも、「近代の未完のプロジェクト」を完成することができるのか。その境目に立っているといわねばなりません。

もうひとつ、最後に指摘しておきたいのは、日本の場合、「新しい公共性」がいままで広がらなかった理由を、決して国民性という宿命論では語れないと思うのは、日本でも、現実に、いままでお話してきたような「新しい公共性」を求めて、協同組合運動を展開してきたひとびとと運動が、少なからずあったという事実があるからです。生活クラブの運動は、その成功している運動の代表としてあげられるでしょう。

かつて、わたくしは、80年代初めに、生活クラブは、協同組合活動の地域への浸透のためにデポーつくり、その過程でワーカーズ・コレクティブをつくり、さらに地域の政治的公共圏に代理人を送り込むという、協同組合運動の新しい次元（「新三角錐体」と呼んでいましたが）を開拓しはじめたことに、日本でもこんな活動があるのだと、一種の驚きをもって注目したことがあります。　それは、まさに、「２〈個—アソシエーション—公共性〉による『新たな公共性』の追求」で述べたことが、もうすでに実践に移されていたからです。

小塚さんは、「2000年生活クラブ」という講演の中で、いまは、頂点組織を連想する「三角錐体」ということばはつかっていない。現在はもっと民主的で、協同組合セクターとワーカーズ・コレクティブと生活者ネットワークの〈スリーダイヤ〉だ、と言っておられましたが、たしかに、その方がbetterだと思います。

今日のわたくしのお話は、それに、もう一つグローバルな次元を加えようということですが、そうすると〈フォーダイヤ〉ということになるかと思います。じつは、生活クラブは、この4番目の次元も、すでに、はじめています。

図１－Cの新自由主義に入ったところで、1970年代、新自由主義に行く道と「新しい公共性」を追求する道と、二つの道があったとお話しましたが、この時期に、生活クラブが始まったわけですね。世界的に見ると、地域協同組合社会の教科書は、西のモンドラゴンでしたが、一昨年秋、生活クラブの「協同組合の旅」に加えていただいて、そこを訪問することができたことは感激でした。たしかに、幾多の困難を切り抜けて到達した地域協同組合社会の足跡は、現代協同組合運動のモニュメントといってよく、学ぶところの大きなものした。

しかし、「新しいグローカルな公共性を求めて」という、いままでお話した文脈からすると、その４つ目のグローカルな次元の展開の仕方に若干の違和感を感じざるを得ませんでした。むしろ、レイドローに忠実に、かれが提示した課題に正面から挑戦する―このお話もそういうつもりなのですが―、そういう活動の質を持っているのが、そして、それをさらに展開させようとしているのが、生活クラブの運動ではないか。西のモンドラゴンに対して、東の生活クラブの活動は、内外に向けて自信を持って発信し得るのではないのかとか、と思います。そうすれば、先ほどお話した日本の必ずしも芳しくない状況も変わってくるのではないかと、期待されます。

日本における社会的経済の諸組織
——現状と展望

非営利組織

山岡義典
牧野昌子
藤木千草

農業協同組合

桜井　勇

消費生活協同組合

藤岡武義
橋本吉広

協同組合金融

町田有三
柴田武男
一色節子

日本のNPOの現状とセクター形成の展望

山岡義典
(日本ＮＰＯセンター
常務理事)

皆さんは「社会的経済」促進（法）というものを検討されていると伺っています。ＮＰＯ法はそういう側面も持っていますけれども、経済主体という側面とそうじゃない側面の両面を持っています。私は、両方を含めて、ＮＰＯという立場から話をさせていただきます。

なお、民法改正の議論がずいぶん出ております。実は、私はこの月曜日（02年５月27日）に内閣の公益法人改革のヒアリングに行って、どういうふうにやるかということで一つ提案しました。それが政府の方針のようなかたちで28日の「朝日」に載っています。

私が話したのと違うところもありますが、中間法人制度あるいはＮＰＯ法人制度、公益法人の今までの仕組みを全部ひっくるめて新しいイメージを出しています。ご関心があれば後でお話ししたい。

ここでは、ＮＰＯ法人制度がどういうふうに出来て、それ以後、ＮＰＯを取り巻く状況がどう変化してきているかということについて、話をします。

1　ＮＰＯ法制定の経緯とその内容及び課題について

私は以前から公益法人制度について限界を感じていましたが、私たちが市民活動の台頭に伴う新しい非営利法人制度の必要性に関して、民法を改正するかしかないのか、改正しないとしたらどうするか等、議論をし始めたのはバブル

2002年(平成14年)5月28日　火曜日　14版　政治・総合　4

非営利法人に基本法

政府が制定方針　宗教・学校も対象

公益法人改革を進めている政府の行政改革推進事務局は27日、公益法人設置を容易にするための民法改正を行う一方、組織運営や情報公開のあり方などの原則を定める基本法を制定する方針を固めた。基本法は、財団法人、社団法人といった公益法人だけでなく、宗教法人や社会福祉法人など個別の特別法に基づく非営利法人全体を対象とする。6月をめどに中間報告をとりまとめ、今年度末の公益法人改革大綱に一連の改革を盛り込んだうえで、04年度に必要な法改正を目指す。

行革推進事務局は、大綱取りまとめに向けて関連団体からのヒアリングなどを進めている。このなかで、公益法人設置にあたって「主務官庁の許可」を定めた民法34条を改正し、一定の条件を満たせば、届け出によって設置を認める準則主義による事後チェック型に移行する方針を固めた。

各省庁に与えられている許認可権が、官僚の天下りの温床になっているとの批判が強いためだ。

同時に、徹底した情報公開による国民監視、営利法人並みのコーポレートガバナンス（企業統治）の導入などを定めた基本法を制定する。対象は、宗教法人や社会福祉法人、学校法人なども含めた非営利法人全体にする方向で調整を進めている。

こうした法改正によって、これらの非営利法人と、すでに事後チェックが導入されているＮＰＯ（非営利組織）法人との垣根を低くして、より活動を活発化させるという狙いもある。

一方、税制上の優遇措置についても見直す考えだが、法人側から強い抵抗が予想される。

華やかなりし1980年代後半です。並行して企業の社会貢献(フィランソロピー)が議論されています。

それに対して、90年代に入って、ＮＰＯの議論が日本国内でかなり行われるようになり、具体的な制度や仕組みについての調査・提案と市民立法運動が開始されます。92年から総合研究開発機構の調査が始まり、私が総括委員長としてまとめたのが94年３月、その年の11月にシーズ（市民活動を支える制度をつくる会)が設立されました。

そこに95年１月、阪神淡路大震災が起こりボランティアが大活躍して、いざという時に行政だけでは大変だ、日本にもボランティアが活動できるような基盤をきちんとつくらないといけないと議論がわき起こり、各政党とも同じようなことを議論してきておりまして、民主党はプロジェクトチームをつくって94年12月に報告書を出していますし、社会党も自民党も同様に研究をしていましたので、大震災直後から、一気に法制化の動きが出てきました。

同時に、市民団体のほうも、人間関係はつながっていたけれどもいろいろな団体がバラバラにやっていたので、ネットワークをつくろうと呼び掛けて、95年４月15日に、この制度について議論する連絡会をつくりました。

政府は、防衛庁、科技庁、北海道・沖縄開発庁を除く18省庁によるボランティア問題に関する連絡会議を発足させました。そして、いかにボランティアをしっかり支援するかということを基礎に置いて、事務局の経企庁を中心にボランティア支援立法の案を練っていきました。

それに対してわれわれは、ちょっと違うのではないか、民間がしっかり自立して非営利活動ができることが重要で、そのためにボランティアも重要だけれども、ボランティアだけを取り出して促進しようというのでは市民セクターは育たないと、いろいろなチャンスに意見を言ってきました。

そして政府は、95年10月末、正式には11月１日だったと思いますが、ボランティア支援立法を要綱案の形でまとめて各都道府県に一斉にＦＡＸしました。私どもにも回り回って来ましたが、その途端、与党三党（社会・さきがけ・自民）が連合したかどうか知りませんけれども、「これは議員立法でやる」と宣言しました。すると行政府としてはそれ以上は手を出せない。18省庁連絡会議の作業はストップということになったわけです。

そこで、各政党が責任を持って議論し展開していく。一番早く法案を出したのが当時の新進党です。これは、「市民公益活動促進法」といったかと思いますが、エリア限定の地域版ということもあって、市民団体側からすると、今後の幅広い市民活動を支える上でちょっと無理がある。これでは使い物にならないと申しあげました。

その後、与党三党はそれぞれ案を持ち寄って突き合わせる。担当者で合意してこれで行こうとなっても、自民党に持ち帰るとこんなのではダメだと言う。また突き合わせてこれで行こうとなっても、また持ち帰ると別の政党がこれではダメと言ってなかなかまとまらない。そういう状況が続きました。

そして96年10月、衆議院選挙があって社会民主党では辻本さんが当選するなど新しい連立与党体制ができる。与党三党が議論ばかりしていてはしょうがない、とにかく早く法案を出せと市民団体もけしかけるわけです。私も与党三党のプロジェクトチームに、水面下で議論してないで早く出してオープンの場で議論していくようにと言って、96年12月、「市民活動促進法案」が議会に提出されました。

「市民活動促進法案」も、表に出てくればいろいろな議論があります。市民団体も何項目か改正要求を出しました。それに対して民主党は、独自案を出すかどうかという議論の中で、市民団体の意見を受けて与党三党案に修正要求をかけていくという立場を取って、独自案は出さないことになりました。

そこで、97年春から市民団体が次々に要望を出す。そうすると、国会では民主党がそれを尊重したかたちで修正要求を出す。与党三党のうちではさきがけと社民党がそれを受けて自民党に圧力を掛ける。しかし、自民党の中でも若い議員たちはかなり共鳴するところも多くて、市民団体の要求の７割ぐらいが修正されるかたちになりました。

私たちは、あまり変なものだったら作るなと言っていましたが、97年５月頃、これなら行けると判断して、早く作れという要望を出しました。そして、97年６月４日でしたか、衆議院で「市民活動促進法」が通って参議院に回るわけですけれども、すぐ閉会になって、秋の臨時国会に出るはずだったのがとうとう出ませんでした。

特に、自民党の参議院議員の中で、「市民活動とは何ぞや」というような大きな議論があったようです。当時、村上幹事長はじめ、こんなものを作らせてはとんでもない、うちの選挙区で変なやつばかり力を持っては困る、というような意見も出たように聞いていますが、97年12月頃まで、すったもんだがありました。そんな中で、特定非営利活動という名称に落ちついてくるわけです。

当時一番動いてくれたのは経団連です。自民党の長老議員たちに、日本の社会にこういう法律をきちんとつくっておくことが必要で、産業界にとっても重要なのだ、と説得に回ってくれました。同時に、97年12月から98年１月にかけての野党の修正要求で、かなりきちんとしたものになっていったというか、変な修正はありませんでした。

「市民とは何か」、というのは法律的に定義できないと思いますけれども、ＮＰＯ法の「目的」のところに、「市民が行う自由な社会貢献活動としての特定非営利活動の健全な発展を促進し、公益の増進に寄与する」とあります。これを私たちは「市民公益」の概念といっていますが、市民が自由に行う活動、それが公益を増進するのだということを、はっきり認めたわけです。

これ以外の「市民」「公益」 という言葉は法文からは全部なくなりました。市民の定義はやり出すと非常に難しいけれども、この法律を使おうと思う人が市民なのだ、というふうに私は理解しています。

そういうことで非常に紆余曲折がありましたけれども、98年３月、議員立法により、国会で全会一致で可決成立しました。私は今の時点では70点ぐらいの法律かなと思いますが、しかし70点の法律が出来るというのは、大変なことだと思っています。

その後、各都道府県は所轄庁になるので同年12月の施行日までに条例づくりをやる。私は、条例づくりをこの法律にビルトインしたことが、この法律が日本全国に広まる上で非常に大きかったと思います。ギリギリまで、条例なんかなくてもいいじゃないか、機関委任事務でいいじゃないかという意見がありましたが、私たちは、機関委任事務にしてはいけない、これは団体委任事務で、しかも条例づくりが必要なのだとこだわりました。そのことの意味は、私たちが当時思っていたよりはるかに大きかったと思います。

次に、内容面で頑張ったことがいくつかあります。人によってそれぞれ違いますが、私が個人的に頑張ったのは、１つは、官庁の監督よりも情報公開による市民の監視が重要だということです。

私は、官庁の規制・監督は小悪は処理できるけれども巨悪が生まれる構造になる、と言っています。市民の監視によるものは小悪はちょこちょこ出るかもしれないけれども基本的に巨悪は出ない。だから、情報公開をきちんと法に定めた仕組みをつくろうとしたわけです。

２番目は主務官庁制の残滓を撤廃する。市民団体の側はそれほど意識はなかったけれども、これが私の一番大きな仕事で、徹底的にこだわりました。

最初に与党三党が出した案にあって最後まで残ったのが、事務所が２つ以上の都道府県にある場合は所轄庁が経企庁になるわけですが、経企庁が認証する場合、「その活動の内容にかかわる主務大臣に相談することができる」という規定がありました。

「することができる」というのは、「しないといけない」ということになるに決まっています。国がそういうふうにすれば、都道府県も、窓口が現業部門の部長か局長に相談して、こういう福祉関係の団体が来ているけれども、福祉局のご意見はどうですか、という話になるわけですね。

ですから、私はこれは絶対にやめてほしいと何度も言ったのですが、議員さんたちはこれだけはダメだと言う。私も、議員立法といえども行政のいろいろな協力を得てやっているのだから仕方ないかと思って、どうしてもダメならば、「相談せずに決めるのが基本で、やむをえず必要なときにはできるという歯止めである」という議員答弁をきちっとしてほしいと言ったら、しばらくして、あれは取れたという電話がありました。

３番目は所轄庁への団体委任事務と条例化、これもずいぶんこだわりました。

４番目は活動分野の拡張です。最初提案された時は12番目の分野はありませんでしたが、日本ＮＰＯセンターや各地の支援センターを考えるとそれでは困る。個別分野を単独にサポートするのではなくて、全体の基盤をきちんと見る団体がないと、族議員と族団体ばかり出来るようになってしまうと主張して、これが通ったわけです。

それから、12分野でギリギリまでダメだったのは環境保全です。熱帯雨林を守ろうとか、オゾン層を破壊するからCO_2を削減しようとか、砂漠の緑化を図ろうというような「地球環境」の保全はいいけれども、海岸を守ろうとか、原発はやめようというのを含めた「地域環境」を対象にするのは困るというのです。

それに対して私たちは地域環境をきちんと入れないと世界に笑われると主張して、最後に、自然環境、歴史的環境、生活環境など全部含めて幅広く「環境の保全を図る活動」というふうになったので、大変良かったと思います。

この活動分野を拡大する、また分野の意味をどう取るか。これは国会でかなり議論されて、市民オンブズマンのようなものはどうなるのかという質問に対して、自民党の熊代昭彦議員が、市民オンブズマンは地方行政の話だからまちづくり活動でいいのではないかと答弁しています。実際に福岡県ではかなり早い時期に市民オンブズマンを法人化しましたが、それでやったようです。

このように12分野についてはかなり幅広く解釈しようということになっていますが、これに入らないものもたくさんあります。あるいは、自分たちは入らないとか、入りにくいと思っている団体もあって、私のところにも相談に来られますが、例えば科学の振興を図ったり子どもたちに広めたいというのは難しいんですね。環境に関する科学とか福祉に関する科学とか防災科学ならいいけれども、科学一般とか技術一般は無理がある。そういうこともあって、今度の改正では入れてもらっています。

また、情報関係の活動も12項目をひねくり回しながら当てはめてやっているので、活動・ミッションをストレートに表現しきれてないのが実情です。そういう意味で、私どもは４項目の拡大を要望し、４つのうちの１つが２つに分解されて５つの項目が提案され、ＮＰＯ議員連盟が全員一致で成立することになっています。

最後に、課題として残ったのは、まず税制優遇制度です。税制優遇のない制度は意味がないから法の成立自体に反対だという動きもありましたけれども、私は、まず法人制度を確立してからでいいと主張しました。

だから、税制優遇がなければやめるべきだという考えとまず法人制度だけでもつくるべきだという考えがあって、市民団体側が２つに分かれかけたこともありますが、最終的に、税制優遇については付帯決議に明記するということに落ち着きました。付帯決議じゃダメだ、付則でないとダメだという意見もあって、土壇場でも分かれかけましたが、一本で行きました。

付則には、３年後に見直すために２年後に方針を決定するとあるが、税制のことは書いてない。付帯決議の中には「税制優遇も含めて」と書いてある。そういうふうに文献を一つ一つ見ると、時代の産物というのが読めてくるんですね。

それから、監督制度は残りました。われわれは、市民が監視するから監督は要らないと言ったのですが、認証制度、民法34条の公益法人制度の特別法でやる限り、監督は無くせないということで監督はする。しかし、仕組みを限定して手続きをきつくする。ですから、透明性が高いかたちで監督するという形になっています。

そして、公益法人改革です。ＮＰＯ法は、民法34条の公益法人制度の特別法ゆえの制約が結構あったものですから、将来的には、民法改正をやらないと本当の意味の非営利法人の仕組みは出来ないということです。しかし、私はこれは長期的な課題と見ていました。

私は、当面変えていくこと、やや長期的に変えていかないといけないことというふうに、ホップ・ステップ・ジャンプ論といっています。ホップは、とりあえずＮＰＯ法が成立した。ステップは３年後に税制も含めたＮＰＯ法の見直しをする。ジャンプは公益法人改革によって抜本的な仕組みをつくる。

冒頭に申しあげた「朝日」の記事の話はジャンプです。ジャンプの話を最初にするとステップの話が分からなくなってしまうので、私は、ステップが法律としてきちん出来るまで、ジャンプの話はしたくないと沈黙を守っていたのですが、ヒアリングで仕方なしに話したら、ああいう形で新聞に出てしまったということです。

ステップを抜きにしてジャンプをすると足をくじいてしまうので、ステップをちゃんとやってからと言っているわけですが、行政改革という御旗をかかげて、ステップと同時にジャンプが始まりかけているわけです。

2　ＮＰＯの社会的役割と経済的特性について

ＮＰＯとは何かということを経済的側面でいうと、「市場で供給できないサービスを社会的な支援によって民間で供給する仕組みである」、という説明で間違いないと思います。

従来、市場で供給できないサービスは税金を納めている政府がやる。市場が供給するか、政府が提供するかの二者択一だったわけですが、ボランティアが参加し、会員が寄付し、協賛金が出る、あるいは行政の補助があるというふうに、社会的なサポートがあると、市場で供給できないサービスを民間で供給できる。その仕組みだというふうに定義づけています。

あるいは、1000円掛かるものを1000円以上で売るのならば企業でやったらいい。1000円掛かるけれども、500円でしか売れないもの、300円でしか売れないもの、ゼロ円でしか売れないもの、あるいは990円なら売れるもの、そういうものが社会的に意味がある場合にはそういう価格で供給するのがＮＰＯである、という言い方をしています。

私どもはＮＰＯと企業はそういうふうに違うものだと言い続けてきたわけですが、日本は非営利法人制度が出来てなかったので、多くの非営利活動が有限会社や株式会社で行われてきました。また、最近『ミッション経営の時代』などという本が出ていますけれども、営利よりミッション（使命）を追求する企業というのが、概念として生まれてきています。

そういうことを含めて、私は図－１のように、ＮＰＯ（非営利組織）とＦＰＯ（営利組織）を連続線上に置いています。

これは、左側に行くほど運動性が強く、右側に行くほど事業性が強い。事業性というのは対価が得られるということで、右に行くほど営利指向性が強く、左に行くほどミッション指向性が強いことになります。営利よりミッションが

図－１　ＮＰＯをめぐる諸概念の構図

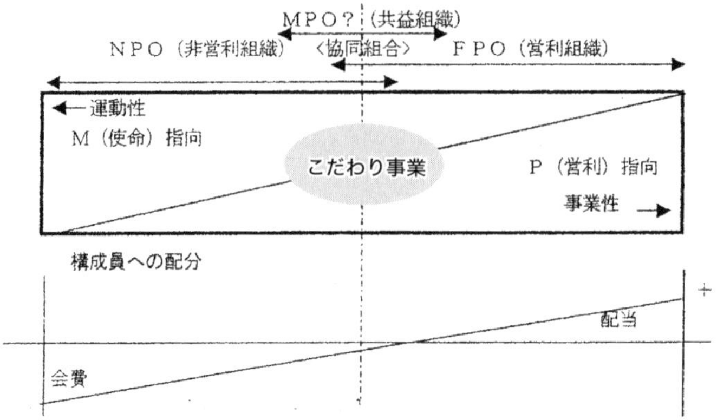

（『ＮＰＯ基礎講座３』山岡編　ぎょうせい、1999　より）

優先するのがＮＰＯで、いざという時にプロフィットを優先させないといけないのが企業（営利組織）である。

企業にもミッション指向性が強いものと営利指向性が強いものがあるけれども、企業であるからには営利指向性を優先しないといけない。ＮＰＯにもミッション指向性が強いものと営利指向性の強いものがあるけれども、いざという時にはミッションを優先する、というふうに考えられるのではないか。

その中間に、企業であれＮＰＯであれ、何かにこだわってやる「こだわり事業」というのがあって、コミュニティにこだわればコミュニティビジネスになるし、環境にこだわればエコビジネスになる。あるいは、芸術にこだわればアートビジネスとか、子どもにこだわればチルドレンビジネスというのがあるかどうか分からないけれども、儲けよりも特別のサービスなり商品を提供することにこだわってやる事業というのが、これからの成熟社会では特に重要になるのではないか、ということを言っています。

図の一番上に「ＭＰＯ」と書いてあるのは、Mutual Profit Organization（共益組織）ですけれども、考えてみると日本では協同組合がずいぶん発達しています。この協同組合が、まさに「こだわり事業」の担い手として大きな役割を果たしていたのではないか。あるいは果たしているし、これからも果たすのではないか。いろいろな意味で制度的な制約はありますけれども、「こだわり事業」というのはそういうものではないかと思います。

図－１の下の方には、非常に概念的に構成員への配分を示している。構成員というのは法律用語では社員といいますが企業では株主、ＮＰＯでは正社員のことです。営利組織は株主に配当する。配当するのは利益があるからで、配当するということは営利を追求するということです。

それに対してＮＰＯでは、配当をくれという人はいないし、配当をしてはいけない。そして正会員は会費を払うことによって応援する。その場合、運動性が強ければ強いほど、会費への期待が大きくなるし、会費がちゃんと払われないと運動性が維持できない。事業性が強くなればなるほど、会費に頼らなくても事業でとんとんでやっていく。右端のほうは会費はそんなになくてもいいという考えです。

3　市民セクター形成に向けた法制度を含めた課題について

これについては、ご要望をいただいたのですが、私にはまだきちんと整理されていません。特に社会的経済促進（法）というイメージが私にはいまひとつはっきりしないものですから、ピシッとしたコメントにはなりませんが、私が思っていることをお話ししたいと思います。

私は、20世紀末から21世紀初頭にかけては、世間（型）社会から市民（型）社会への転換期にあるというふうに考えています。つまり、政治、選挙、経済、経営、組織などのすべてが、世間型から市民型に移りつつある。

例えば、日産自動車を見ていると、まさに世間型企業から市民型企業になっていますし、一連の銀行のリストラとか長銀がつぶれたのも、世間型だったら大蔵省が守ればいいわけで、守らなくなったら市民型になってた。あるいは政治も、小泉政権が行き詰まっているのは、世間型政治の大きな圧力の中で、市民型政治が泳いでいるという感じがする。いろいろな面で世間型から市民型に移りつつあると思います。

また、各種の制度改革―ＮＰＯ法、地方分権、介護保険、省庁再編、構造改革、あるいはその前の河川法の改正、都市計画法の改正など、いろいろな制度が世間型から市民型に移っている。これは、官がコントロールして指導する社会から民が自主的にやっていく社会へ、というふうに考えてもいいと思いますけれども、そういうかたちに向けての制度改革が、21世紀に入る前後を中心に行われてきたと理解しています。

そして、市民（型）社会は市民が公共性を担う社会であるということで、市民的公共性という言葉がありますけれども、そういうものが出てくる。

そういうことから、ＮＰＯというのはノンプロフィットで営利ではないという意味なのだと言ってもよく分からないから、New Public Organization、(民による)新しい公、新しい公共の組織でいいのではないかと冗談半分に言っていると、だんだんあちこちでまじめに言っている。(笑) 経済産業省なども、新しい公益（ニューパブリック）と言っています。「ニューパブリック・マネジメント」などという本も出ていて、ＮＰＭなどと言っていますが、あれは行政運営理論の一つでちょっと違います。

それでは、「官による公」と「民による公」はどう違うのか。その役割を示したのが図－２です。これは概念図でリファインされているとは言い難いですけれども、「官による公（国家・自治体等)」は、四角張っているから四角の枠に、「民による公（ＮＰＯ等)」は、いろいろなものがたくさんあってフニャフニャ

図－２　「官による公」と「民による公」の関係

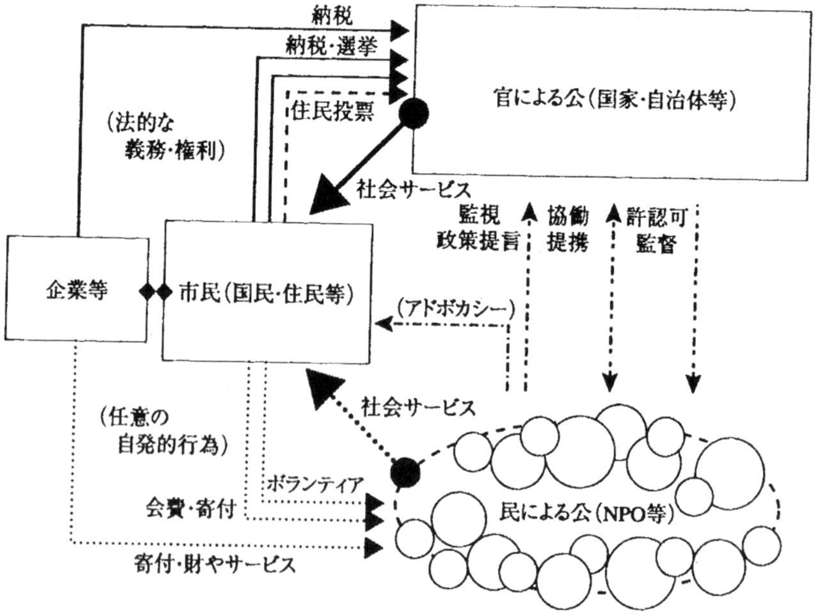

出典：「手段としてのＮＰＯ」（山岡）『〈政治参加〉の７つの方法』筑紫哲也編、講談現代新書、2001.6

しているから丸い枠にして、組織のイメージを表してみました。

「市民(国民・住民等)」「企業」の上のほうの実線（破線）は、法律によって決まっている権利・義務の関係で、納税、選挙、住民投票、社会サービス等があります。下のほうの点線は、法律によって決まっていない任意の自発的行為で、ボランティア、会費・寄付、財やサービス、社会サービス等があります。

そして、「民による公」は、アドボカシーとして市民に訴えることもあるし、「官による公」に訴えることもある。「官による公」の国家の中には国会と内閣と司法がありますし、自治体には議会と行政がありますが、それらを全部含めているわけです。

そして、監視・政策提言が「民による公」から「官による公」へ、「官による公」は「民による公」へ許認可・監督というかたちがあったり、両方が一緒になって協働・提携ということもあるのではないか。こういう枠組みで位置付けたらどうかということです。

次に、今のＮＰＯ法というのはＮＰＯのごく一部の法律で、公益法人は２万6000あります。それ以外に、社会福祉法人、学校法人、医療法人、宗教法人など、いろいろなものがありますが、100以上の法律によってバラバラに出来ているために、今まで「民による公」というものの姿が見えなかった。だから、法律的な枠組みをきちんとつくらないといけない。ＮＰＯ法はそのごく一部で、もっと体系的な「民による公」の法体系をつくらないといけないというのが、「非営利法人基本法」の提言です。

これは民法34条をやめてしまうというか、民法から公益法人制度の規定を抜いてしまおうということです。

ちなみに、民法35条は「営利を目的とする社団法人にはすべて商事会社に関する規定を準用する」と規定して、商法が出来ています。だから、商法は時代とともにダイナミックに変えられるわけですが、法人制度自体を民法に書き込んでしまうと、100年以上経っても変えられない。

ですから、非営利法人も、民法34条に「営利を目的としない法人については、別に非営利法人基本法によって定める」と書いて、民法にある法人制度の規定は、全部、「非営利法人基本法」に持っていけばいい。そうすると変えやすくなるというか、議論しやすくなります。

同時に、「民による公」が自主的な事業をやるということがあります。先ほどの図の中の社会サービスの提供に対して、対価という逆の矢印を入れたほうが正しいかもしれません。そういうものによってやるわけですが、「民による公」の経済的基盤をきちんと確立するためのしくみが、ＮＰＯ支援税制であるわけで、とりあえず昨年10月１日に認定ＮＰＯ法人制度が出来ました。

ただ、きょうもＮＰＯの連絡会（「ＮＰＯ／ＮＧＯに関する税・法人制度改革連絡会」）の世話人が集まったのですが、財務省も困っているんですね。60人の役人を全国の国税局に配置して蓋を開けて待ったけれども、今まで認定できたのがやっと５件。60人配置して５つしか認定できなかったというのですから無駄遣いです。私ども日本ＮＰＯセンターなんか４人でやっているのですから、15倍の仕事ができる。そういうムダなことを財務省はやっているわけで、何とかしないといけないと言っています。

そういう状況で、もちろんわれわれも要求していくわけですが、その時に、きちんと自立したＮＰＯが活動できるということが基礎になる。そのための法律であるという基本的なことを理解しておかないと、つじつま合わせの技術論に終わってしまうということです。

最後に検討事項として、生協に限らず、協同組合をどう位置付けるか。これについて、いろいろな議論が協同組合の研究所でも行われていると思いますけれども、戦前は「産業組合法」一本だった。その中でいろいろなものが出来てきたから、協同組合というものに対して共通のイメージがあったけれども、戦後、縦割りの主務官庁制で協同組合制度がばらばらになった。そういう問題は大きいと思います。

つまり、協同組合という共通のアイデンティティがなくなってしまったわけです。次々に小さい獲物を追って、いろいろな主務官庁監督下の協同組合制度をつくればつくるほど、私は、協同組合はダメになってしまうだろうと思います。

したがって、協同組合については、「協同組合基本法」みたいなものがきちっと出来て、そのもとに個別法があるようにする。全部含めた「統一協同組合法」でもいいのですが、そういうものを協同組合側から提起していかないとダメだと思います。

私どもはＮＰＯ法をつくる時に、こんな包括的なＮＰＯ法は出来ないだろうと思っていました。ですから、80年代末頃、どういう考えがあったかというと、環境団体については環境団体法とか、学会などは学術団体法とか、芸術文化団体法とか、国際協力団体法といった、個別の団体法をつくっていけばいいじゃないかという議論がありました。

それもやむをえないだろうということで、日本は百いくつの非営利法人制度をつくってきたわけですが、それでは非営利活動、市民活動という全体像は見えない。環境省には環境団体法があって環境省の認可によって環境法人になる。あるいは外務省の認可によって海外協力法人になるとか、文部省は文部省で、学会をつくるならば学術団体法人になる。

私たちは、そういうことではダメだと、そういう声をあげないようにしたわけです。やっぱり全部に通用する法人制度をつくらないと、市民活動はまた分断されると。

同じことが生協も含めて協同組合で言われていたと思います。この間も、滋賀環境生協の藤井絢子さんが、当時はＮＰＯが無かったので生協をつくったのだけれども、あれだけでは限界があるというので株式会社をつくった。そして補助金や助成金を受けて活動するために任意団体をもつくった。「じゃ、全部やめてＮＰＯ法人にしちゃったらいいんじゃないの」と言ったら、「今さら協同組合から抜け切れない」と言うことですが、３つの規約をつくるのは大変です。

ですから、ちまちました個別の協同組合法はもうつくらないで「協同組合基本法」をつくる。その「協同組合基本法」を民法の中にどう位置付けるか。場合によっては、34条の中に「別途非営利法人基本法と協同組合基本法によってやる」というのでもいいし、非営利法人基本法の中に、協同組合の基本原則を全部書き込んでもいいと思っていますが、その部分がないと、協同組合というものがだんだんタテ割りに細分化されていってしまうのではないか。

特に「労働者協同組合法」とか「ワーカーズ・コレクティブ法」などもそうですけれども、無数の法人制度をつくるというのは、市民の側から言うと得策ではなくて、行政官の思うつぼに入ってしまう。それを戦後50年やってきたわけですが、ＮＰＯはそれに乗らなかった。それが誇りでもあるというふうに思っています。

千葉でのNPOの現状とセクター形成

牧野昌子
(〈特定非営利活動法人〉
ちば市民活動・市民事業
サポートクラブ代表理事)

ちば市民活動・市民事業サポートクラブ（ＮＰＯクラブ）は、生活クラブ生協・千葉を中心にして、地域でのたすけあい福祉、環境問題、教育問題などに取り組んできた市民活動団体が呼び掛け人になって、これまで培ってきた地域での市民運動・市民活動の知恵を周りの地域にも広げて行きたいということで、ＮＰＯを応援するＮＰＯつまり中間支援団体として、2000年10月、設立されました。

私たちは主に４つの事業を行っています。１つは、今年で５年目になりますが、市民活動を応援する講座の企画運営をしている市民スクールです。これは任意団体で1998年に設立し、ＮＰＯクラブの事業部門のひとつとして統合しました。ＮＰＯクラブの事業収入は、講座事業、会費、受託事業などで1000万円ぐらいになります。(2002年度：1500万円)

受講者は延べ4000名近くになっています。黄色の資料はいま行っている講座一覧ですが、ＮＰＯをどうする・こうするということだけでなく、地元の農家の方たちに講師になっていただいて、炭焼きの学校、田んぼの学校、畑の学校などのフィールドワークもやっています。

これは、生活クラブ生協の組合員活動の一つとして、自分たちのお米を作ってもらっている田んぼに伺ったりするのですが、組合員がだんだん忙しくなって、車を用意して頼んで行ってもらうということが結構多くなりました。そこで、そうではないんだということで、参加費を払って農業について学習する。

そういうかたちで講座を企画したわけです。

２つ目にＮＰＯ相談事業があります。ＮＰＯ法人格を取得したいという向きには県庁に相談窓口があるわけですが、私どものところには、それ以前の段階ですね。こういう趣旨でグループをつくりたいとか仲間を募りたい。それにはどうしたらいいのか。あるいは、ＮＰＯ法人とは何なのか、得なのか損なのか、というような相談が来ています。

３つ目は情報交流活動の場の提供です。私たちは、もちろんホームページもありますし、メールマガジンという形で関連団体・会員団体の情報を月に２回流していますけれども、顔の見える情報交流活動ということで、お茶を飲みながらいろいろな話し合いをする、「そーれ！　ＮＰＯ」というのを開催しています。

４つ目は「市民活動支援基金」という活動です。これは、原資はささやかですけれども、一般の市民団体から寄付をいただいてそれを再分配するということで、スタートアップを応援する助成活動として取り組んでいます。これまでに、17団体に総額290万円の支援を実施しています。

ＮＰＯへの支援は、いろいろなところが取り組み始めていますけれども、私たちは、ばらまきとか施しではなく、自立を促すところにこだわった助成をしていきたいと考えています。

それから、今年度は、中央労金と提携して、原資300万を担保にして「融資」に取り組んでいこうということで、いま細かいところを話し合っているところです。

現在、ＮＰＯ法人に融資するというのはどこもやっていません。中央労金は、法人格を持って３年の実績がある団体に対して、「ＮＰＯ事業サポートローン」という形で融資を行っていますが、法人格がない団体、起業する団体、これから始めるという団体は、融資を受けられません。もちろん銀行は貸してくれませんから、そこの担保にこの基金を運用していきたい。今年９月から始められたらなと思っております。

私たちは、そういう基金を題材にして地域でのいろいろなネットワークを広げて、お互いに育っていきたい。そして、儲かるようになった団体からは寄付をいただいて次に回していく。そういうシステムが出来ればいいなと思っています。

これらが私たちが民設民営という形で行っている事業です。現在、ＮＰＯクラブは補助金や助成金などは受けておりません。

千葉県は、山岡さんのお話にあったＮＰＯ法をつくる時に活躍された元参議院議員の堂本さんが県知事になりましたので、「ＮＰＯ立県」と叫んでそこに向けて活発に動いています。「ＮＰＯ立県」とはどういう意味かといいますと、「ＮＰＯが活動しやすい県に」ということで、いろいろな施策が出てきています。

その施策の一部が資料に載せてあります。きょう午前中に県庁で説明会があったのですが、１つは「ＮＰＯ活動提案募集事業」を公募し、プレゼン等公開審査会によって決定し、ＮＰＯへ委託し実施していきます。また、「ＮＰＯ活動費補助金制度」も実施されました。そういう形で、ＮＰＯ・市民活動団体に資金的に支援するということも始まりました。

サポートとか支援ということでいいますと、千葉県ＮＰＯ活動推進懇談会が2001年９月から開催され、私はその委員になっていますけれども、ＮＰＯ活動が持っている自主性とか自立性を損なわないような支援策が大切だというふうに思っています。

ＮＰＯは、活動するとか事業をすることで活動資金が得られることが、基本になるのではないかと思います。補助金とか助成金というのは、なかなか次のステップに行きづらい。難しい側面もありますので、なるべく事業をしてお金を得る。そして、次の活動をしていく。自前の事業はやりたいことをやっていく。行政には必要なことは提案していく、そういうことがいいのではないかと思っています。

ＮＰＯクラブの課題は、活動資金をきちんと得て、人件費も世間並みに出していきたいということです。これは代表理事として痛いほど分かっているのですが、現在、時給として換算すると300円とか400円なので、何とか世間並みにしていきたいと思っています。理事会のメンバーが活動するとか、事業部会をいろいろつくっていますが、そこでのメンバーは無報酬で動いていただいています。

活動資金を得ていくという大きな課題は、どこの団体にも大きくのしかかっているのではないかと思いますが、ＮＰＯが広がっていくためには、ＮＰＯで働くための環境整備をきちんとしていかなければいけない。そうでないと、人材の確保が難しくなってきているのではないかと思っています。

ＮＰＯの税制支援はいま千葉県でも議論されていますが、ＮＰＯにとって一番大事なのは事業活動をする場の提供で、先ほど申しあげた活動提案とか、柔軟な発想によっていろいろな活動提案をするなど、事業を展開する場をどういうふうに準備するか。そこをどういうふうに支援するか。そういうことが一番望まれるのではないかと思います。

最近いろいろなタイプのＮＰＯが出来始めていますが、ＮＰＯに対するいろいろな施策が発表になっているからでしょうか、企業からＮＰＯをつくりたいというご相談がありますが、企業の社会貢献事業だって大きな価値があるのだから、そんなにつくらなくていいよと言ってしまいます。もちろんＮＰＯがたくさん出来たほうがいいし、その中で切磋琢磨していければいいなと思いますけれども、いろいろなＮＰＯが出来てきたというのは、ＮＰＯ法の施行が本当に大きなきっかけになったと思います。

千葉県でも、いまＮＰＯ法人は300ちょっとあります。ですから、普通の任意団体として活動していらっしゃる方たちは、きっと3000ぐらいあるだろう。それが地域の中で活躍されていらっしゃるわけですから、いよいよ市民参加ということが目に見えてくるのではないか。

私たちは、「ワーカーズ・コレクティブ法」成立に、市民セクターとして働き掛けをしています。まだまだ知らない人がいるワーカーズ・コレクティブですが、私たちの団体にも連合会として参加をいただいています。今日、私が、市民活動だけでなく市民事業を肩書きに持ってきたのは、ワーカーズの人たちと一緒に、仕事を起こしたり地域に向けてサービスを提供していきたい、と考えているからです。

そういう意味で、法整備は大きな広がりを含んでいますので、ぜひ早期成立に向けて運動していきたいと思っています。

民間の非営利セクターが持つ地域密着型の活動・事業は、市民参加ということを実感し、実践できる絶好のシステムで、時給400円というのを除けば、とても充実した活動・事業です。私たちＮＰＯクラブはまだまだ駆け出しですけれども、次の飛躍をと思って、活動を進めていきたいと思っております。

農業危機と地域再生
――地方における「社会的経済」の必要性

桜井 勇
（全国農業協同組合中央会地域振興部長
＝当時＝）

1　はじめに

　私が全中に入ったのは昭和45（1970）年で、もう33年になります。当初は米関係の部署でした。その後私は広報に行きまして、昭和60（85）年からは、中央会には農政、営農、経営等、いろいろな課題がある中で、生活関係、地域振興その他という部署で16年目を迎えています。
　私がいま所管していますのは、１つは高齢者福祉対策で、介護保険とか生協でもされている助けあい活動、そういうものを昭和60（1985）年から取り組んできています。それから、ファーマーズマーケットとか直売所の取り組みによる生産者と消費者の顔の見える関係づくり。そして、農家のお母さん方122万人のＪＡ全国女性組織協議会の事務局を担当しています。
　農村の高齢化が進んできていますので、いま、いろいろな提案をして活性化できないかと取り組んでいます。男女共同参画についても、生協の場合、大半の組合員が女性の皆さんですけれども、ＪＡも女性を25％ぐらいまで持っていこうとか、役員の中に女性を登場させようという取り組みもしております。
　今日は『地域社会の将来とＪＡのあり方』という資料をもってきていますが、ＪＡがどんな問題意識でいるかということを書いています。また『ＪＡ女性組織の活性化と農村女性ワーカーズ』というのをもってきています。

実は、(財)協同組合経営研究所に委託して、生活クラブ生協も調査させていただいているのですが、農村というのは、集落レベルに行くと、残念ながらある種封建的な部分が残っているところもあります。私も、農村も女性を通じてしか変わらないかな、という問題意識をかなり持っておりまして、農村女性ワーカーズという議論をやる中で、10年後、20年後の農協をどう考えたらいいだろうかと、ＪＡの現場の皆さんと一緒に議論しています。

きょうは「農業危機と地域再生」というテーマを与えられています。農業危機とか地域再生といわれてみれば確かにそうだなと思いますけれども、率直に申し上げて、そういう観点よりも、個別の問題で右往左往しながらやっていてこうなっている。その中から新しい光みたいなものが見えているところもあるし、それが崩れていくという側面もあるなという感じがしています。

私が日常の仕事をしている中で申しますと、農業はある意味で崩壊の危機に瀕しているかもしれませんが、日本の政治・経済・社会自体がかなりの危機に陥っているのではないかと感じています。

お手元の小冊子『子どもたちの生きる力』は、私どもの研修会に東京・北区の小学校の校長先生をお呼びして、子どもたちはいまどういう状況になっているかという話をしていただいたものです。今の小学校１年生は生き方の基礎がしつけられていないので、人間ではないというショッキングな話がありました。これは大人の問題そのものの反映だと思います。

それから、私どもは、農水省・文科省と一緒に、「子どもたちに農業・農村体験を」という取り組みをしています。

実は、３年ほど前、文部省の局長と、農協の青年部の委員長とか女性部の会長などと一緒に、子どもたちを何とかしたいという本音の議論をしました。青年部からは、役所がカネをよこすからやるというのではない、とにかく何とかしたいという気持で農業体験をやっているという議論、役所のほうからは、それを応援したいという議論があってお互いに気持が通じて、じゃ一緒にやっていこうじゃないかということで、取り組みが進んできています。

もう一つは、話が若干飛んでしまいますが、私どもと全国社会福祉協議会と一緒に、東京、大阪、名古屋で、要支援ないしは要支援手前のお年寄りに農業をやりながら元気になっていただくという、「青空デイサービス」の取り組みをやっていまして、例えば東京の国立では、社協とＪＡと老人クラブの皆さんに一緒にやっていただいて、非常にいい効果をあげています。

これは今回の「社会的経済促進」というテーマにつながるのかもしれませんが、地域の皆さんの力を結集することによって、効率的に物事が進んでいく側面があるというふうに感じています。そういうものが施策の対象になってこないのは非常に残念ですが、このテーマは数年来ずっと掲げていまして、農水省に、来年度、モデル的な施策を設定してほしいと働き掛けをやっているところです。

●高齢化・人口減少

ご案内のとおり、高齢化・人口減少の問題が農村部では相当進んでいます。

ＪＡグループは、３年に１回農協大会を開いて中期方針を立ててやっています。昭和60（1985）年は、「高齢者生活援助活動」という問題を提起しました。これは、農家のお母さん方が舅・姑の世話で大変な思いをしているのに放置されている。そういう状況を何とかするために、ボランティア活動とか声掛けなどの活動に取り組む必要があるということで、生協の取り組みに学んだり、社会福祉協議会から学んで、いろいろな提案をしてやってきました。

そして平成３（1991）年、厚生省のホームヘルパー養成のしくみが出来ましたので、私どもも農水省や厚生省と連携を取って取り組み、今年３月末現在、農家のお母さん方を中心に10万人のヘルパーを養成して、地域で助け合い活動やいろいろな活動に取り組んでいただいております。

私は高齢化・人口減少問題に非常に危機感を持っています。このまま行くと、日本の人口は2100年には5,000万人台になるそうですので、集落のかなりの部分、

表－１　男女別世帯員数

各年２月１日現在、単位：千人

年次	総世帯員数	男	女	１戸当たり世帯員数	1)農業人口減少率
平 2	17, 296	8, 421	8, 875	4. 51	10. 4
7	15, 084	7, 344	7, 741	4. 38	12. 8
12	13, 458	6, 569	6, 889	4. 31	10. 8

注：1)は、５年間の減少率である。

表－2　ホームヘルパーの養成人数

ＪＡホームヘルパーの養成人数(年度末／人)

	～平成６年	平成７年	平成８年	平成９年	平成10年	平成11年	平成12年	平成13年見込
１級課程	1	19	33		187	476	732	907
増加数		+18	+14	+43	+111	+289	+256	175
２級課程	2, 401	5, 605	8, 430	11, 799	17, 292	24, 352	31, 652	37, 222
増加数		+3204	+2825	+3369	+5493	+7060	+7300	5, 570
３級課程	17, 330	24, 850	31, 434	37, 774	45, 852	55, 106	60, 342	63, 185
増加数		+7520	+6584	+6340	+8078	+9254	+5236	+2, 843
合　計	19, 732	30, 474	39, 897	49, 573	63, 331	79, 934	92, 726	101, 314
増加数		+10742	+9423	+9752	+13677	+16703	+12793	+8, 588

※平成13年度は見込み数（集計中）

特に中山間地域では集落そのものが無くなるという事態が、広範に生まれてくると想定されます。私も現場を回ってみると、65歳以上の高齢者が６割を超えているところも相当出てきています。そういう地域をどういうふうに守っていけるのか。そういう心配もしています。

●農産物（加工品）輸入増大の問題

一連の政策の問題として、農水省は生産調整は生産者に任せようじゃないかと言っていますが、中国等からの農産物（加工品）輸入増大の問題も含めて、国内に農業が残るのかどうか。そういうかなり厳しい状況に立ち至っているのではないでしょうか。

この問題は、都市の消費者の皆さんは、農家の問題だと考えておられるかもしれませんが、いずれ、ブーメランとなって消費者のところに返っていくことになるのではないか、この点からも相当危機感を持っています。

●地方分権と町村の動向

小泉政権になって、政策決定その他、かなり変化が始まってきているのではないかという感じがします。地方分権についても、税財源の移譲問題の議論が出ていますし、市町村合併の問題もあります。

現場で聞いていますと、平成17年３月を目途に、市町村合併を進めるという動きがかなり強まっていますが、私どもが心配しているのは、合併しない町村については権限を縮小する、という議論が新聞等に出ています。そうすると中山間地域なり地方は維持できるのか、どうなのか。選挙の過程を通じて都市と農村の対立という議論もかなりありますが、日本自体をどういうふうにしていくのかという意味で、非常に大きな課題があるのではないかと思います。

●耕作放棄地の増大

現在、耕作放棄地が約21万haありますし、農業就業人口が減少して農産物産出高もかなり減少しています。

例えば、ＮＨＫテレビで放送されましたが、ガット・ウルグアイラウンド後、韓国は、付加価値を付けた農産物を日本に売り込もうとハウス栽培の助成をやりました。その結果、韓国のハウスみかんが相当入ってきて、その影響をもろに受けた国内のハウスみかん農家は、このままでは食っていけないので、お母さん方がパートで働かなくてはならないという話があります。

また、昨年問題になったイグサ、ネギ、シイタケでいいますと、熊本のイグサ農家で首を吊った方がおられるということも聞いています。このように、相当厳しい状況が生まれてきています。

一方、都市の皆さんは、リストラその他の問題があるかと思いますが、農業に対する関心が非常に広がってきていますので、そのへんの工夫をもっとやる可能性がないかなと思っています。

2　ＪＡグループの取り組み方針

農林水産業の産出額（生産額）はどうなっているかという農水省の統計をみてみます。

まず農業総産出額は、平成７（1995）年が10兆4,498億円、平成11（1999）年は９兆4,181億円と、金額ベースの減少が始まってきています。これは売上高なので、実所得としてはどうなのか。都道府県の生産農業所得率を見るとだいたい４割台ですから、９兆円余とすると、３兆6,000億円ぐらいが農家の所得になっているということになります。

農家人口関係でみると、総世帯員数は平成２（1990）年の1,729万6,000人から平成12（2000）年は1,345万8,000人と減ってきています。また、65歳以上の高齢者が増えている動きが分かります。

集落から人口がある程度密集している市区町村までの距離がどうなっているか、ということを見た表があります。日本全国に約13万5,000集落ありますが、1時間半以上掛かるところが1,800ぐらい、1時間以上が5,600ぐらいある。こういう集落がこれからどうなっていくか、という問題が出てくるのではないかと思います。

耕作放棄地の状況ですが、平成12年度で約21万haの耕作放棄地があります。以前は、例えば兼業農家については、公務員とかＪＡの職員も含めて、米作りはそんなに手間を掛けなくてできるということでしたけれども、実際には、農業機械の減価償却その他を入れると、赤字になるケースが相当増えてきているので、そういうことでの変化があるかなと思います。

次に、平成12年の第22回ＪＡ全国大会で、これからどういう考え方で取り組んでいくかということを決めた内容を紹介します。

1つは、地域との共生を含めて、「農」と消費者なり次世代なりアジアの皆さん方との共生を前面に出して取り組んでいく必要があるのではないか、という問題を提起しています。

全農チキンフーズその他でいろいろお騒がせしているわけですけれども、もう一回きちっとやろうということで、安全・安心な食料供給の取り組みを準備をしているところです。

「農」の力が発揮できるように、「地域農業戦略」というものをつくって、地域全体を守る取り組みをしていく必要があるのではないかということです。

地域農業の担い手の育成とか支援、それから、遊休農地の問題その他の解消を図る。耕作放棄地が増えたり、農家自身も農地の管理がなかなかできないという状況の中で、ＪＡが出資して農業生産法人をつくるという取り組みもしてきています。そういうかたちで地域の農地なり農業を守れないかということです。

3　高齢者福祉対策、学童農園、地産地消を通じた地域の再生の取り組み

それに、私が所管するところのテーマになってくるわけですが、「農」の「共

生」の地域社会づくりです。

１つは、総合的土地利用による地域づくりの取り組みで、土地利用計画の問題、都市と農村との交流の問題など。総合的土地利用による地域づくりのイメージとして、市民農園、学童農園、グリーンツーリズムの問題。

それから、総合的な高齢者対策として、生きがいづくり・健康づくり活動の促進。また、高齢者福祉事業の取り組みを進めてきています。

ＪＡグループが取り組んでいる高齢者対策の現状についてもまとめています。

●高齢者生活援助活動の取り組み

私どもは、元気な高齢者なり健康管理活動という意味では、昭和45（1970）年以降一貫して取り組んできました。佐久病院も農協の病院ですが、ＪＡは、病院数で114、ベッド数で約３万4,000の病院経営をやっておりまして、健康管理活動なり健診活動を含む取り組みをしています。

そういう中で私どもは、高齢者対策について厚労省や農水省に強く申し上げていますし、介護保険が始まる時も、要介護の高齢者をつくらない取り組みをもっとやる必要があるのではないかと、厚労省に言っています。

私どもが地方に行って感ずるのは、農業をやっている高齢者は基本的に元気だということです。私も数年後に定年になりますが、「濡れ落ち葉」とか「粗大ゴミ朝出したのに夜帰る」といわれるようになると、だいたいボケが始まります。

地方のＪＡの組合長と話をした時に、地元のお医者さんが、寝たきりボケは市街化区域に多く市街化調整区域にはいない、調整区域の人たちは農作業をするのでボケている暇がないからだ、と言っているそうです。ＪＡは市民農園等をやっていますから、もっとやったらいいねと話をして帰ってきました。

健康保険法の改正法案が国会にかかっていますが、私は、やり方を変えればもっとやれるのではないか。市民農園でも何でもいいから、もっと農業に参加いただくようなやり方を通じて、元気になっていくとか要介護にならない。カネを掛けるだけが能ではないのではないか。そういうことがいろいろな分野であるのではないか、という感じがします。

そこで私どもは、「元気な高齢者（ＪＡ高齢者自立支援活動）」と「要介護高齢者（ＪＡ高齢者介護事業）」に取り組んでおります。

図－１　元気な高齢者から介護に必要な高齢者まで

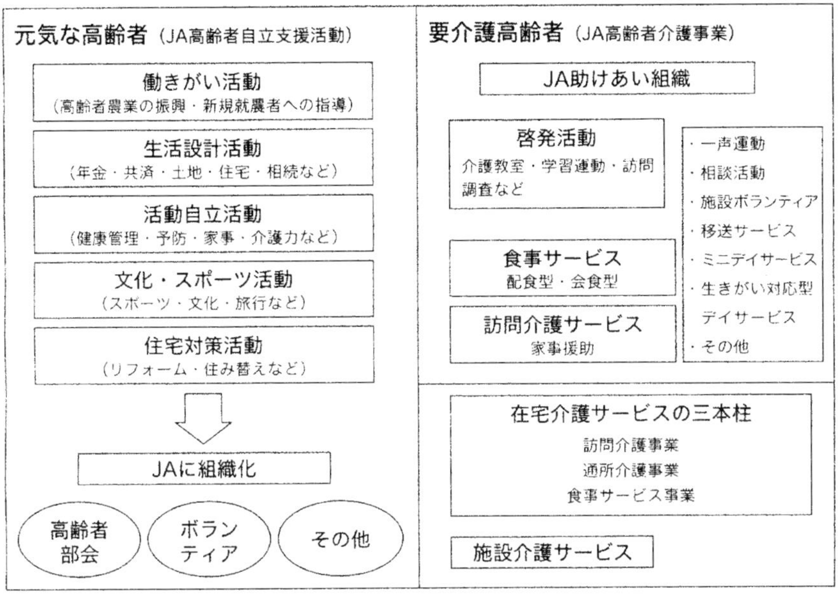

●ホームヘルパー養成研修

その高齢者対策の取り組み（要介護高齢者支援）の現状ですが、１つは、平成３年度からホームヘルパーの養成に取り組みました。最初は継続できるかなと心配していましたが、農家のお母さん方から、養成研修をぜひ受けたいと。

これも実はいろいろなドラマがありました。例えば高知県では台風のために園芸農家に相当被害が出て、講師の方が、きょうは無理だねと言っていたら、農家のお母さん方がやりましょうと集まってきて、夜遅くまでやったということがありました。

私は、先ほど、女性を通じてしか変えられないのではないか、と言いましたが、現場のいろいろな話を聞いていますと、そういうふうに感じることがいっぱいあります。そういう女性の熱意で、年間１万人を超えるホームヘルパーの養成をやってきて、実はこれが大変な財産になっています。

例えば島根県のＪＡいずもは、集落が1,200あるので、各集落にヘルパーが１人いて、だれかが具合いが悪くなったらすぐ応援に行けるようにしよう、という目標を掲げて、ホームヘルパーの研修を受けた方が800人ぐらいおられます。
昨年からは、地域のお年寄りを訪ねて健康法とか生き方を聞いて、それをワークショップに持ち帰ってみんなで議論しながらお年寄りから学ぶ、という取り組みも始まっています。

●ＪＡ助け合い活動の取り組み

それから、助けあい組織というのは、私どもは、お互いに勉強をしようと、コープこうべとかいろいろなところとおつき合いをして目に見えないネットワークを持っていて、生協からもずいぶん学びました。５万人ぐらいの方々が、声掛けとか食事サービスとか、ＪＡのかかわったミニデイサービスとか、いろいろな取り組みが始まっています。

●元気な高齢者対策

高齢者福祉事業（介護保険事業）は、現在、362のＪＡが取り組んでいます。ＪＡ数はいま1,040ですのですべてではありませんが、農村部で一定の役割を果たすことが、少しずつ出来上がってきているのではないかと考えています。
農村の高齢化と地域活性化の問題は自治体がどういうふうに動くかということが非常に重要ではないか。自治体によっては、情報公開して住民参加を求めていますが、そういうことが必要になっているのではないかと思います。
現場にどういう芽があるかということを『日本農業新聞』の記事から見ています。
農地を使って福祉農園的なものをやりたいという議論がありますが、神奈川県の農協青年部の方々が、「畑から福祉を考えるくすの木農場」が川崎市の「育桜福祉ゆずりは園」の障害者の皆さんに農業に参加していただいているという活動です。
助けあい組織は残念ながら女性が圧倒的に多いのですが、この鹿児島の「助けあい」のケースのように男性の参加も少し始まってきています。私どもは、男性がもっと参加していくようにと考えています。
群馬・前橋市のＪＡ「つくし会」は、現場ではこのようにやっているという事例の紹介です。一人暮らしのお年寄り等の場合、食事は非常に大事なので、

配食サービスの取り組みが重要性を増しているわけですが、98年には22ＪＡでしたが、01年には97ＪＡに増えました。

次に、村や郵便局とも連携して、みんなで地域を守っている岐阜県の「お使い便」事例です。

ＪＡの取り組みではありませんが、地域の女性が自主的に子育ての支援を農村部で繰り広げている鳥取県の八東町の事例です。私どもも、子育ての支援を助けあい組織でやれるようにならないかという問題意識を持っています。

ＪＡ兵庫六甲は神戸市中心のかなり大きな農協ですが、地域通貨に取り組み、ファーマーズマーケットで決済できるように取り込んでいこうじゃないか、という動きも出てきています。

そして、新潟県の「地域のお茶の間」という事例の紹介です。新潟市福祉公社の河田さんという方が、この活動を提唱されて、新潟県内で150を超える取り組みが始まっていますし、ＪＡ助けあい組織でも100ぐらいやっています。

「地域のお茶の間」というのは、地域の公民館を月１回お借りして、実費相当を負担してもらって、お年寄りに食事を作って食べていただいたり、一緒にレクリエーションをするというミニデイサービスですが、そこに来たお年寄りもサービスを提供する側に回る。そして、地域によっては、子どもさんたちもしょっちゅう出入りして、新たに地域のいろいろな人間関係が生まれつつある。そういう取り組みが現場で少しずつ始まってきているということです。

あるいは静岡県の農協組織は、昔、農家の縁側で皆さんが集まってお茶を飲みながら話をしていたように、ＪＡの施設を開放してそういう拠点をつくろうじゃないかと、「縁側大作戦」という提案をしているところもあります。

●農村女性ワーカーズの試み

『ＪＡ女性組織の活性化と農村女性ワーカーズ』の冊子をご覧いただきたいと思います。

ＪＡの女性組織は122万人の組織で、いろいろな活動を現場でしていただいています。これは、生活クラブ生協のワーカーズの取り組みも勉強させていただきながら、ある種のプラットホーム、新しい活動を生み出す母体、という考え方を取ったらどうかと考えておりまして、まだ仮説の域を出ておりませんが、みその加工グループとか、直売所で年間１～２億円の売り上げをするというところもかなり出てきていますので、新しい地域のコミュニティ・ビジネスをつくり上げるという力なり可能性を持っているのではないか。

アメリカ、ヨーロッパでは、従来とは違う協同組合というかたちを取って、いろいろなコミュニティ・ビジネスが生まれてきていると聞いており、そういうものを含めて考えていけないかということで、調査・研究等をしております。

座談会の中で、私どもと協同組合経営研究所の皆さんと一緒に、この調査の問題意識を出しております。

この議論を踏まえて、10年後20年後のＪＡのあり方をどう考えていったらいいだろうか、というテーマで研究会を開いてまとめたのが、報告書『地域社会の将来とＪＡのあり方』で10年後20年後に向けて、今からどうするかという議論をしています。

その問題意識を簡略にご説明させていただきます。

昭和23（1948）年農協法が公布されて、昭和25～26（1950～51）年は、ドッジプランの下で農協経営も破綻するという状況下で、当時20～30代の方々に、農協の再建整備に相当な尽力をしていただいたという背景があります。しかし、ＪＡのことを非常に考えていただいた方々も、今や70代に入って、あと十数年すると天国からお招きがあるということになります。

それから、規制緩和の問題とか地方分権その他の中で、地域の有り様自体も非常に問われてくるのではないか。

そして、例えば秋田県仁賀保町等がそうですけれども、農村部に出ている企業のリストラが広範に広がってきていて、現場のＪＡの女性部の皆さんは仲間が増えて嬉しいと言っていますが、リストラでクビを切られて帰ってきている人たちが、電気関係も含めて相当おられます。

長野県の例えばセイコーエプソンの関連企業でも、50歳前後の皆さんが中国の工場に出掛けていきましたが、その時に地元の同年代の仲間に、自分たちが中国から帰ってくる時にはここの工場はなくなっているだろう、と言っています。工場生産自体も、農村部なり日本からなくなっていくような状況が生まれてきているということです。

そういう中で状況をどう見るかということで、陰と光一本当は光と陰なのでしょうが、陰の部分とその可能性というのもあるのではないかということで、整理したり、地方分権なり財政なり規制緩和という問題について、どういうふうに見ていくかということにふれています。

生協は非常に大きくなって組合員から見えない。実はＪＡも、合併をする過程で、組合員との距離が開いてきているということが非常に大きな問題で、いま、新たな協同というのが地域の中で生まれてくるという状況があります。

私も昨年の暮れに行きました京都府大宮町で、ＪＡが合併して支所を廃止する時に、地元の皆さん方が有限会社をつくって、ＪＡの支所を俺たちに貸せと言ったわけです。これは俺たちの暮らしの拠点である。だから、生活雑貨なり直売の店をやりながら、自分たちが老後安心して住める地域をつくろうと。そういう非常に高い目標を掲げてやる動きが、ポツポツとではあるけれども、地域の中に生まれてきているということです。

実は、私どものこの報告書は、ＪＡは合併をどんどん進めるだけでいいのか、という問題意識を持っているわけで、ＪＡの支所なり組合員の近いところの機能をもう少し強化する。ある意味で集権と分権という問題になると思いますが、分権的な機能を持つということを相当重視していかないといけないのではないか。

私どもＪＡもある種の変質を遂げて、農水大臣が株式会社になったらどうかとおっしゃっている状況も生まれてきているわけですが、協同組合としての内実をどういうふうにつくっていくか。これが非常に問われているというのが、私どもの研究の問題意識です。

次は市町村との連携です。市町村財政が非常に厳しくなってきているということがあるわけですが、住民参加なりもっと工夫することによってやれることが、まだまだあるのではないだろうか。それから、子どもの問題も含めて、地域の共通の課題を見つけながらやっていくことができないだろうか、というふうに考えるわけです。私どもは組合員にもっと参加していただきたいと考えていまして、農業生産を軸にしてやれないだろうかと考えています。

●「地産地消」の取り組み

特に重視しているのは「地産地消」ということで、子どもたちに農業体験を通じて、自然との触れあいとか、畑になっている野菜の本物の味を知っていただく。あるいは、学校給食に地場の農産物を供給していこうとか、直売所なり地域特産加工なり、いろいろな取り組みが地域に落ちていくという取り組みが要るのではないか。

4　おわりに

農地の保全管理ということがあります。実は、例えば愛媛県のある地域で相続が発生した。息子さんは東京や大阪にいるので農地の保全管理ができない。ＪＡで管理をしてくれということでやっているケースも相当出てきています。権利関係もいずれ分からなくなるという事態も出てきかねないので、協同という関係を通じて維持していくということが必要になるかなと思っております。定年帰農とかＵターンとかいろいろな問題がありますが、そういうことも含めて考える必要があるだろう。

ＪＡも、ある意味では生協と同じように企業体質という側面を持っていますので、私は、地域のいろいろなニーズに応えていくことを考えていく必要があるという感じがしています。

これは協同組合経営研究所のレポートという形を取っておりますように、ＪＡグループ全体としてこうだということにはまだなっていないわけですけれども、われわれとしても、今の状況の中でどういうふうに考えていくかということで、一定の議論をしながらやっていく必要があるなと思っているところです。

（現在は〈社〉地域社会計画センター常務理事）

ワーカーズ・コレクティブの現状と法制化運動

藤木千草

（東京ワーカーズ・コレクティブ協同組合理事長）

私がワーカーズ・コレクティブを始めて11年目に入ります。今日はワーカーズ・コレクティブがどういうものかをご紹介して、実例も報告したいと思います。

●21世紀には主流となる

よく、「出資して・運営して・働く。この三拍子そろうのがワーカーズ・コレクティブよ」という説明をします。今いろんな形の起業がありますが、「だけどやっぱりワーカーズ」というところをわかっていただければと思っています。

最近、起業おこしの講演依頼がふえています。大学の授業、労政事務所、中小企業等協同組合中央会、研究機関、地方の商工会、協同組合など、講習会に呼ばれることが多いです。それだけこの三拍子がそろって着実に起業や働き方、地域貢献の事業などが注目されていると思います。いつも私たちのキーワードは、「21世紀に主流となる市民による非営利の地域事業」と言っています。

20年くらい前、ワーカーズ運動が始まってしばらくは地を這うような事業でマイナーなイメージがあり、まわりから「そんなに儲かりもしないのに何をやってんですか」と言われていました。しかし、今やワーカーズ・コレクティブがコミュニティビジネスの一つとなって主流になっていく時代がみえてきました。

10年以上前からワーカーズ・コレクティブに合う法律を作ろうという活動が始まっています。その活動の中で、法律をつくるためにはワーカーズ・コレクティブがどんなものかはっきりしておく必要があるということで、討議を重ねていろいろなものをそぎ落とした結果がこういう文章になっています。

「ワーカーズ・コレクティブは協同組合の精神に基づいて、雇われるのではなく、一人一人が出資し対等平等な立場で自主的に自己決定して責任を持つ働き方。」

「協同組合の精神に基づく」ですが、協同組合の国際組織である協同組合同盟（ＩＣＡ）が「協同組合のアイデンティティに関する声明」を95年の大会で発表しています。協同組合という組織は18世紀頃から登場していますが、国際的な定義づけが行われたのはこの大会が初めてだと言われています。定義だけちょっと読みます。「協同組合は自治的な組合（アソシエイション）であって、自発的に団結した人々が自分たちの共通の経済的、社会的、文化的ニーズと願望を、共同で所有し民主的に管理される事業体を通じて実現しようとするためのものである。」（石見尚訳）

言ってみれば自分たちの欲しい機能を自分たちで地域に創り出す。そして、創り出す事業自体も自分たちで経営し自発的に管理運営していく。そういう団体だということです。「協同組合の精神に基づいて」というのは要するにこの定義にあてはまる働き方です。

協同組合は、日本には、ＪＡや消費生活協同組合などがあります。さらに中小企業等協同組合法というのがあってその中に６つ規定されています。２つだけご紹介しますと、一つは事業協同組合、もう一つは企業組合です。

事業協同組合は中小の事業者が集まって連携することで、自分たちに必要な機能を生み出す事業体です。実は東京ワーカーズ・コレクティブ協同組合はこの法人格を取っています。一つ一つのワーカーズが組合員になって協同組合をつくっているわけです。私は生活工房・まちまちというワーカーズにいて、このワーカーズが東京ワーカーズ協同組合に入っています。現在、53ワーカーズが加入していますが、その中で理事を選び理事長を選ぶという形で、今は私が理事長をしています。

もう一つの企業組合ですが、割と多くのワーカーズが取っている法人格です。一人一票など、協同組合の法律の中にあって、私たちの考えに一番近い法人格だろうということで取っているところが多いようです。

金融関係の協同組合としては信用金庫、労働金庫があり、非常に分野別にできていますね。日本の場合個別に法律ができています。どれもこれもだいたい

50年以上前につくられた法律です。

ヨーロッパなどには個別法ではなく協同組合基本法があって、それをもとに自由に、色々な分野で協同組合が作れる場合が多い。

日本の場合は個別ですから、学校や住宅を供給する協同組合をつくろうと思っても法律が無いからできません。ワーカーズ・コレクティブに合う法律をつくる運動をしていますが、新たにワーカーズを規定する協同組合の個別法をつくるということです。

ワーカーズ・コレクティブは協同組合の精神に基づいて、先ほどの定義のもとに、欲しいものを自分たちの手で生み出して、自主的に管理するということになります。ですから必然的にワーカーズ・コレクティブは雇われるのではない働き方になるということです。事業に必要なものは自分たちでお金を出し合うわけです。ですから一人一人が出資します。それで対等な立場で自主的に自己決定して責任を持つ。この「自主的に自己決定」して更に「責任をもつ」というところが大事なわけです。

「自主的に自己決定する」ところだけが一人歩きして、「自分の好きなときだけ自由に働けばいい」となると事業的に成り立たなくなることもありますね。事業計画やその実施の中で、「好きなときだけ自由に働く」ということが許されない場合もあります。全体を見て責任を持って働くには自分ももう少しがんばらなければいけない。そういう部分もあるわけです。

このコンセプトのもと、実際にどういう事業が生み出されているのかというと、「地域の生活を充実させるために必要な機能を担う非営利の市民事業」ということになります。

●「非営利」とは

日本の中では「非営利」という概念がはっきり定着しているとは言えないと私は思います。「非営利」というと「儲けちゃいけないんじゃないか」と考える人が多いのではないでしょうか。「お金をもらっちゃいけないんじゃないか、非営利だから」という考え方もあるかもしれません。しかし、そうではなくて、事業にかかる経費とか、責任をもって事業を続けていくためにはある程度の人件費だって必要です。それは当然得ていいわけです。

ですけれども、事業をやって儲かって、もし剰余が出たとしても、それをメンバーで山分けするのではなく、それを次の事業展開に使う、また新たに地域のニーズを解決するための何かに使う。そういう姿勢で事業を展開するということです。

剰余を出すことだけを目的にする。そのために品物の質を落とすとかそういうことにはならないわけです。常に利用者の立場を考えて、地域貢献第一に事業を行なう。そういうところが非営利の事業だととらえています。

剰余を仲間だけで分配しないということが「非営利」ととらえられています。ですから当然、物を売ってお金を得ていいわけです。そしてそれで責任をもって続けていかなければならない。

ボランティアが悪いわけではありませんが、報酬が伴わないボランティアだと自分の中で優先順位が下になってしまうことがあると思います。ですけれどもワーカーズは仕事ですから、最優先に考えて、きちんとした事業として責任を持って継続していかなければなりません。そのためには、ある程度の保障も必要です。

●事業を行なう団体の形態

「非営利」についてですが、日本の場合、事業を行なう団体の形態というものが民法で規定されています。民法33条に法人の成立に関する原則というものがあり、法人は民法とその他の法律によって規定されています。このあたりは民法が明治32年にできたときのままなんですね。100年以上前です。34条の公益法人の設立と、35条の営利法人の設立。この２つしかない。

100年前ですから、そういう概念しかなかったのでしょう。公益法人、みんなの役に立つ法人はお上が認証しますよと。それが社団法人と財団法人。いま非常に問題になっているところばかりです。それがいま２万6,000団体もあります。ここが公益法人として税金を払わずに事業を行なっています。その内容が公益にふさわしいものかどうか、いま見直しが行われようとしているわけです。一方、営利法人、民間の方はどうぞ営利事業を行なってくださいと。この２つしかなかったわけです。

ところが、市民が公益に近い営利ではない事業を始めるようになり、先ほど説明した協同組合に関する法律なども次々できて、「その他の法律」として民法33条にぶら下がっている状態です。

学校法人や宗教法人、社会福祉法人もすべてそうです。最近では特定非営利活動法人（ＮＰＯ法人）があります。それから中間法人法というのが2002年に突然できました。同窓会など、どこにも入らない中間の団体を位置づけようということです。

法人には公益と営利があって、その中間的なものが「その他の法律」でぶらさがっていて、その中にワーカーズ・コレクティブはないんです。それでワーカーズ・コレクティブを規定する法律をつくろうということで活動しています。今のところはワーカーズ・コレクティブは「人格なき社団」といってＰＴＡや自治会と同じ扱いですが、非営利の分野に入っていると捉えています。どうしても法人格が欲しいワーカーズでは、中小企業等協同組合法のところでお話しした企業組合やＮＰＯ法人を取るところが増えています。

ワーカーズの非営利性ですが、例えば「お弁当売って儲けてるんじゃないの？」と言われるかもしれませんが、お弁当を売る姿勢が、添加物を入れて長持ちさせてたくさん売って儲けましょうよというものとは違う。非常にこだわった内容で、値段も手ごろなものにしている。ゴミを出さないように、お弁当箱は使い捨てのものではなく、回収しています。弁当箱を洗うのも合成洗剤ではなく石けんです。環境問題にも貢献しています。お弁当の配達のときに、高齢の方のお宅では「食べてくださいね。どうですか」とお弁当を届けて声かけや様子も見ているという福祉的側面もあります。

●ワーカーズ・コレクティブの始まりと発展

最初のワーカーズ・コレクティブは、1982年に神奈川で「にんじん」が誕生しています。生活クラブ生協神奈川には生活クラブの拠点で、お店のようなデポーがありました。そこの運営を請負、またそこで惣菜や弁当を売るワーカーズが「にんじん」です。この「にんじん」は野菜の人参ではなく、「人人(ひとひと)」という意味から来たそうです。これが第一号です。今からちょうど20年ほど前です。

そのあと東京や埼玉、千葉でもワーカーズが次々に誕生して広がっていきます。では1982年になぜワーカーズが誕生したかというと、ＩＣＡ（国際協同組合同盟）の1980年の大会で、カナダのレイドロウという方が「これからの社会は、労働者生産協同組合の形で働く事業体が非常に有益になるだろう」と提言され、それに触発されたということです。最初は生活クラブの仕事の業務請負でした。しかし、どんどん地域のニーズ、必要を満たしていこうという精神ですから、食・福祉・環境・情報と様々な分野で事業の種類も増えていくわけです。

●ワーカーズ・コレクティブ運動の流れ

1982年にワーカーズ第一号が誕生して、次に84年には、東京で、板橋に「まめ」（クッキー）、練馬の「みち」（お弁当）や、町田市にある農産加工ワーカーズで、ブルーベリーソースなど生活クラブでもおなじみの「凡（ぼん）」、狛江の「クイーンズ」（お弁当）、保谷（現西東京市）の「ぐれいぷ」（天然酵母、国産小麦、アレルギー対応のパンなど）、小平の「歩(あゆみ)」（クッキー）などが誕生しています。千葉には「かい」（生活クラブ業務請負、惣菜、リサイクル）ができました。

1986年には北海道にも、生活クラブの業務を請け負う「はまなす」と、初の託児ワーカーズ「かざぐるま」が誕生しました。北海道には託児ワーカーズがいくつかあります。87年には埼玉に「はな」（生活クラブ受託業務）、88年には熊本で誕生しています。

九州はグリーンコープという生協が中心ですが熊本の「マミー」は、グリーンコープの店舗運営などのワーカーズです。そして89年に長野、福岡で新たなワーカーズが生まれました。このあたりで全国的に増えてきたので、連絡会をつくって連携しようということで「市民事業連絡会」がつくられ、このころからワーカーズ・コレクティブの法制化の学習会などが始まっています。92年には山梨で誕生。93年には第一回の全国会議が開かれました。埼玉の嵐山にある国立婦人教育会館が会場でした。94年には大阪に誕生。大阪はエスコープという生協が中心です。

95年には第２回全国会議。２年に１回開かれていますが、ここで「ワーカーズ・コレクティブの価値と原則」が発表されています。95年はＩＣＡの声明(「協同組合のアイデンティティに関する声明」）があった年です。このＩＣＡ声明をたたき台に議論しながら「価値と原則を」つくりました。この年に「市民事業連絡会」は改められ、W. N. J－ワーカーズ・コレクティブ・ネットワーク・ジャパンとして設立されました。

３回目の全国会議は97年。このときにワーカーズ法の要綱案第１次案を発表しています。続く99年の第４回ではワーカーズ法の要綱第２次案、2000年にはワーカーズ法研究会を立ち上げ、いろんな分野の方に参加していただいていて１年間かけて論議しました。これをまとめたものが本になっています。2001年の第５回全国会議では要綱案第３次案を発表。その後もロビー活動なども始めていますが、なかなか法律は成立に至っていません。先日、第２次ワーカーズ法研究会が最終日を迎え、報告をまとめることになっています。

●全国のワーカーズ数の推移

このように20年の間にワーカーズは次々に増えていきました。2001年のデータですが、うなぎ上りに増え、556団体、１万3,857人が全国で働いているということです。この調査から１年以上経っていますので、おそらく600団体・１万5,000人以上になっていると思います。総事業高は約90億円。今は100億円ぐらいになっているでしょう。

全国組織のW. N. Jですが、構成団体は「北海道ワーカーズ・コレクティブ連絡協議会」「神奈川ワーカーズ・コレクティブ連合会」「特定非営利活動法人ワーカーズコレクティブ千葉県連合会」「埼玉ワーカーズ・コレクティブ連合会」

図－１　全国のワーカーズ数の推移

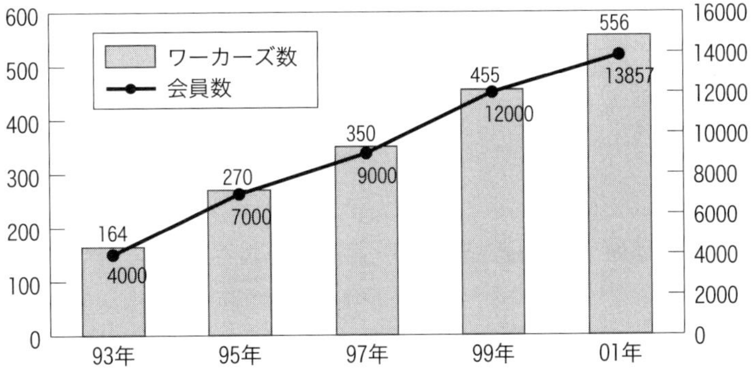

「東京ワーカーズ・コレクティブ協同組合」。東京は家事介護のワーカーズは別組織でまとまっていまして、「ＮＰＯアビリティクラブたすけあい（ＡＣＴ）」があります。それから「ワーカーズ・コレクティブ近畿連絡会」「ふくおかワーカーズ・コレクティブ連合会」「ワーカーズ・コレクティブくまもと連絡協議会」です。これ以外に賛助団体などもあります。この団体が企画して全国会議などを開いています。03年は第６回が北海道で開かれます。

●ワーカーズの職種

ワーカーズは、最初は生活クラブ生協の業務委託で始まりましたが、この1999年と2001年の調査の比較からもわかるように、断然伸びているのが家事介護の分野と保育・福祉の関係です。これは2000年に介護保険制度が導入されて、そこに参画していこうということと、非常に高い地域ニーズがあるということだと思います。それでこんなに増えました。介護保険で高齢者の福祉はある程度充実する方向にありますが、一方、子どもに関しては行政の施策も遅れています。ニーズがあるにも関わらずサービスが無い。それなら私たちでつくりましょうということで、これからもワーカーズが増えると考えられます。それから根本的な食べ物関係というのは着実に増えていくでしょう。

今後増えていくだろうなと考えられている分野には「移動・移送」サービスがあります。これは物を運ぶこともありますが、人を運ぶ、例えば高齢者や体

図－２　全国の職種別ワーカーズ・コレクティブ

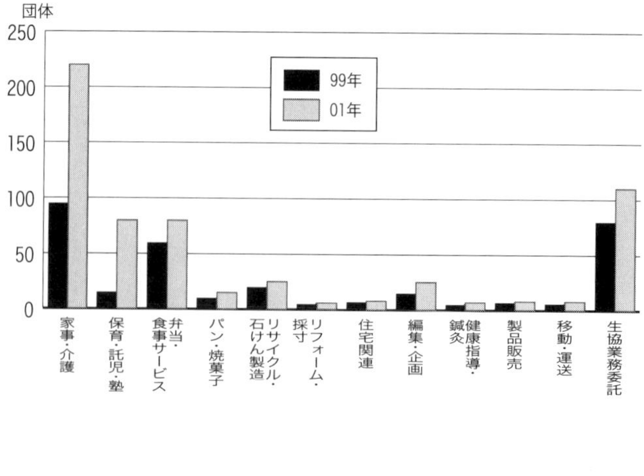

の不自由な方を車に乗せて目的地まで連れて行って、用事が終るまで待っていて一緒に帰ってくる。そういうサービスは増えていくのではないか思います。

それからリフォームとか住宅関連のサービス。今問題になっているシックハウスなどにも対応します。新しい分野では、最近、健康体操を教えて普及するというワーカーズもできました。このようにあらゆる分野で「こんなものが欲しい」というニーズがあればそれに応えるワーカーズができています。

それではワーカーズを具体的に紹介していきたいと思います。

東京の八王子市の片倉という駅から、歩いて2分ぐらいの建物の1階を借り切って、左端には「パンの家　ＣＯＳＭＯＳ」、右端にはお弁当の「花結び」があります。この「花結び」は、最近、東京ワーカーズ協同組合からお金を借りて改装しました。オープンキッチン風になって、調理しているところが見えるおしゃれな感じにして、これからますます頑張っていくぞという投資をしています。２つのワーカーズのお店の間には、ワーカーズではないのですが、八王子市の生活クラブ・ワーカーズ・ネット等でつくる地域協議会の有志が集まって、リサイクルのコーナーとカルチャーなどの貸し教室を開いています。この建物の前で地場野菜を売るなど、いろいろやってここを人の集まる面白い場所にしようよということで活動しています。

東京で最初にできた練馬区の「(企)ワーカーズ・コレクティブ　みち」。「(企)」というのは「企業組合」という法人格の略です。「楽居庵」というお店を持って仕出し弁当の配達をしています。ここは20年前にできたので、メンバーも高齢化してきます。年を取ったメンバーには配達も大変になってきます。どうしようかと話し合いを重ねて、配達がなくて、ここで作ってここで売るという「ら・たぶる」というお弁当・お惣菜の店を別に立ち上げ、年齢の高いメンバーはここに移りました。そういうことも話し合って展開しているところはすごいなと思います。

東京・小平市のクッキー屋さんの歩(あゆみ)。ここは昨年有限会社の法人格を取りました。有限会社は法律上は営利企業ですが、働き方はワーカーズだよということで自分たちの中ではちゃんと話し合って運営しています。有限会社にしたのは通りがいいのと、次の事業展開を考えてということです。最初はこのお店だけで作っていたのですが、別に工房を借りて、事業を大きく展開していこうとしています。

障害のある人も共に働こうということで作られた多摩市の「風(ふう)」。京王線の聖蹟桜ヶ丘という駅の前に大きなビルがありますが、その７階に喫茶室があって、多摩市が委託して「風」が運営しています。奥に厨房があって、コーヒーを入れたり簡単な調理しています。電子レンジを使った調理ぐらいしかできませんが、サラダを付けてランチにしたりしています。ここはその仕事だけじゃなくて、チラシ撒きや草取りなど何でもやります。障害のある人もない人も同じ時給で働きますというのをコンセプトにしているワーカーズです。

ブルーベリーソースなどを作って生活クラブの供給でおなじみの町田市の「(企)凡（ぼん)」があります。最初はお弁当やお惣菜づくりから始まったのですが、瓶詰め工場をつくって事業展開をしていこうとみんなで話し合って、増資もしました。そのおかげで、生活クラブのＯＣＲで注文を受けられるほどの団体になりました。ＯＣＲに載るということは全国展開ですから、それだけの分量を作り続けなければならないという責任を伴ってきます。

福生市の「ＰｏｔＰｏｔ」、公園の前に建っていて、ちょっとお茶を飲むスペースがあって、その奥で色々なものを売っています。公園に遊びに来る子どもたち向けに100円均一でオヤツも売っています。甘いものだけではなくて、おにぎりやお好み焼きなどもあって子どもたちに人気があるようです。ものを売るだけではなくて、何かコミュニティに役立つようにということでいろいろ企画もしています。クッキー作りも得意なので、ギフトも作っています。ここは大家さんが組合員で、カッコ良く改装することにも理解をしてくれたということです。

杉並区の「オレガノ」は、高齢者福祉マンションの中にあります。食事づくりを委託されています。365日３食です。休みなしですね。高齢者ばかりですから、気を使って作らなければなりません。元気な方はそれなりにおいしく食べたいし、介護が必要な方にはトロトロにすることや刻みにすることが必要なこともあります。今、日暮里に同様のマンションが計画されていて、そこでのワーカーズづくりも準備中です。そこには保育園も入る予定ですので、その食事もつくる計画です。

「(企)グレイン」は東村山のパン屋さんです。いまは辞めておられますが、始めたときのメンバーに車イスの方がいて、お店はバリアフリーになっています。ドアや通路は車椅子が通れます。そしてパンを焼くための器具などは普通のものでは大きくて重いものですが、最初から女性ばかりでしたので少し小ぶりで扱いやすく特注で作ってもらったそうです。ただ、事業が軌道に乗ってくると、沢山焼けないというような問題も起きてきているようです。ここはお店で売っているだけではなくて、車に載せて公園などに売りに行っていて、なかなか人気があるようです。

東京に唯一つのリサイクルの店、八王子の「喜樹(きき)」は、手作り品なども売っています。神奈川や千葉にはリサイクルのワーカーズは沢山あって、採算もとれるようですが、東京は事業的には厳しくて難しいところです。

「ベストファイブ」(世田谷区) は採寸のワーカーズで、採寸して発注まで行います。

「(企)轍」というワーカーズは、生活クラブ組合員への個別配送を請け負っています。都内に12グループ、約200人が、統一のマークをつけて、軽自動車で配っています。

「(企) キッズルームてぃんかぁべる」は、世田谷区の三軒茶屋の駅前のキャロットタワーという再開発ビルの3階にある保育ルームを、世田谷区からの委託で運営しています。この保育ルームは「ひととき保育」といって、保育園のような8時から5時まで預かるといった形ではなく、買い物や観劇などの細かいニーズに対応しています。東京にはもう一つ保育ワーカーズの保育室「モモ」というのがありまして、こちらは杉並区の児童館の中にある保育ルームの運営を任されています。杉並区がここの運営を市民事業に委託したいとして区報で公募しましたので、ワーカーズづくりを進めながら応募しました。応募は2団体だったようですが、「モモ」が採用され委託事業を行なっています。

色々具体的に紹介してきましたが、ワーカーズの良さというのは、地域ニーズに応えるための事業ですから一人一人が生き甲斐を感じながら働けるということです。自主的に自己決定して責任を持つ働き方というのは、それぞれの個性を生かしあいながら働くということです。事業自体はけっこう厳しいですね。

でもその厳しさを自分たちで乗り越えていくことができるということがあって元気に働けるのではないでしょうか。

●連合組織の機能

もう一つは、先ほど紹介したように連合組織があるというのもワーカーズの大きなメリットです。東京ワーカーズ・コレクティブ協同組合は、自分たちで自分たちを支援するために自分たちでつくった中間支援組織と言えます。

どんなことをしているかというと、ワーカーズ設立を進め、ワーカーズの数を増やす。そのために起業講座を開いたり、設立までのお手伝いもします。発行しているガイドブックには設立までの手順や、設立した後に必要なアドバイスなどが載っています。

さらに重要なのが今あるワーカーズへの支援としての共同仕入れや研修の実施です。食のワーカーズがいくつかありますけれど、共同仕入れをすることで良いものが安く手に入ります。また個別のワーカーズでは講習を受けるにも費用がかかりますから全体で企画して、マーケティングなどの研修を実施しています。経理指導としては、東京ワーカーズには顧問税理士がおりますので、その方をご紹介したり、税務会計講座なども開いています。

また、資金の貸付もやっています。これは１ワーカーズ600万円までですが、今年の金利は1.53％です。こんなに安く借りられるところはどこにもないかと思います。これは生活クラブ生協の後ろ盾があって実現できています。実際にお金を借りる場合には、東京ワーカーズの理事会に事業計画書と借りる理由を書類で出していただいて、理事会で審議してＯＫが出れば連帯保証人（原則としてワーカーズのメンバー全員にお願いしています）が実印を押します。さらに東京ワーカーズの理事も全員連帯保証人になります。さらに生活クラブ東京の理事長も連帯保証人になります。それで提携している労働金庫からお金が借りられます。

借りるワーカーズのメンバー以外も連帯保証人にはなりますが、最終的な責任は当然ワーカーズのメンバーだけが負うという取り決めです。

東京の場合は４つのブロックにわけまして、月に一回ワーカーズの代表が集まって情報交換などをしています。異業種のワーカーズが集まることで参考になることもあります。それから広報活動ということでガイドブックや情報誌の発行、ホームページの活用などを行っています。さらに社会制度の改革ということで、先ほど話しましたワーカーズの法律をつくる運動もしますし、税制・年金制度を変えていくなど、そういった運動もしています。

連合組織があることで、お互いに助け合うことができる。それから自分が事業を続けていることの意味を確認することができます。だからこそみんな事業を続けられているんですね。ベンチャービジネスが５〜６年後に生き残っている率は数%といわれています。ワーカーズは20年前に生まれて、殆どが止めていません。止めたところもありますが率としてはかなり低い。厳しい事業形態なのになぜ続けられるかといえば、やはり連携して仲間がいると。ここは強みだと思います。

●課題もいっぱい

とはいえ、いいことばかりではありません。厳しい面もあります。「全員が経営者」とは言っても、それぞれに意識の差があります。そこを埋めるために話し合いや研修をします。また、上司と部下のような関係と違って、フラットな関係としてお互いを評価しなければなりませんが、これがなかなか難しいですね。

例えば私は編集・企画のワーカーズですが、仕事ごとに分配金をどうするかという話をします。そこで「私の担当したところは大変だったので配分を多く」と主張したとします。その「大変だった」は仕事自体が大変なのか、その人の能力がないから大変と感じたのか、そこをシビアに話し合ったりします。

また、お弁当でもパンでも共同作業で作る場合、丁寧なんだけど時間がかかってしまう人は困る。もちろん手早いんだけど大雑把で乱暴なのも困る。そういうお互いの力を客観的に評価しあって、「もうちょっと直していこうよ」としていくのは大変です。ワーカーズではそれぞれ話し合って評価基準をつくったりしていますが、これは常に課題です。

それから、みんなで話し合って決めていくので時間がかかります。ベンチャービジネスのようにワンマン社長がいてその人の発想のもとに「さあ明日からこの方向でいこう」というわけにはいかない。決めるのに１年２年かかることもある。それで時流に乗り遅れたり、対応が遅れることもあります。しかし、私はこの話し合いをすること自体が、責任を持って何かを考えるという市民をつくりあげる一つの過程ではないかと思います。スローフードやスローライフという言葉が流行っていますが、今までグズグズだなと課題として捉えていたことが、実は大事なプラスのことだったりするのではないかと思います。

それから、今あるワーカーズというのは、生協の組合員が中心ですので女性が多いです。特に東京では、この間調査して驚いたのですが、その女性たちが高齢化しています。大体もう50歳代が中心ですね。ちょっと前は40代が中心でしたから、そのまま高齢化していることになります。今は40代から60代が80%ぐらいです。もう少し若い方が参加するワーカーズ、それから男性も参加するワーカーズというのも今後の課題かなと思います。東京ワーカーズ協同組合は、大学で話をさせていただくことを活動方針の中に入れています。東京経済大学や、埼玉女子短大などで話をさせていただきました。

ワーカーズ・コレクティブは、最近は少しは知られてきましたが、まだまだ認知度が低い。また、小さいということが頼りないと、マイナスに見られることもあります。例えば行政が委託をする場合、事業高が何億円以上とか従業員百人以上といった枠があることがあります。そうするとワーカーズは参入できない。じゃあ大きいところがいいのかというと、この頃の事件は大きいところが多く、大きい方が危ないんじゃないかとも思います。規模の大小ではなく、事業体がどんなものを生み出しているのか、どんな姿勢でモノやサービスを提供しているのかなというところを見ていただきたいと思います。

●法人格は必要なの？

私たちにとって今一番問題なことは600近いワーカーズの80%が「法人格がない」ということです。事業体としての法人格がないということは、責任が個人に偏るということです。例えば代表１人の責任になるわけです。私のいるワーカーズ「生活工房　まちまち」は法人格がありませんので、あるメンバーが事務所を借りた形になります。そしてその夫が連帯保証人になっています。何かあったらメンバー全員で責任を負いますよということは内部では了解が取れていても、社会的にはそのメンバーが個人で借りているということになります。

お金を借りる場合もその問題があります。行政の仕事を受けることも法人格がないと難しい。だから少しでも早く、ワーカーズにぴったりと合う法律をつくりたいと思います。

1割くらいのワーカーズは先ほどお話しました中小企業等協同組合法の「企業組合」の法人格を持っています。1割がＮＰＯ法人です。ＮＰＯ法人は99年に比べてかなり増えています。これは家事介護のワーカーズがＮＰＯを取る例が増えているからです。行政はＮＰＯ法人なら安心と見ているのでしょうか。ＮＰＯ法人への委託が増えていますので、これからもＮＰＯ法人は増えそうです。

●だけどやっぱりワーカーズ

21世紀におけるワーカーズの意義ですが、20世紀の負の遺産と呼ばれる、高度経済成長にともなう弊害として、環境破壊や様々な安全が失われるといったことがありました。処分しきれないゴミの山もあります。これをどうにかしなければいけない。

さらに世界に例を見ない速さの少子高齢化の進行もあります。また経済状況も厳しい。行政が何とかしようにもお金がない。非常に暗い感じがしますよね。人間同士のつながりも薄くなってきた。そこを解決するのはやはり私たち市民がまちの中で自ら作り出していく機能ではないかと思います。その機能そのものがまちを元気にするし、そこで働く人も元気になる。だからこそ「出資し運営し働く」という三拍子のそろったワーカーズの働き方が21世紀の主流になっていくのではないかと思うわけです。

ではワーカーズをつくるにはどうしたらいいのかということですが、まず皆さんの中にある「つぶやき」に耳を傾けていただきたいんです。「こんなものがあったらいいな」「私こんなことをしてみたいんだけど」という小さな思いがまず事業化の第一歩になります。

例えば「私が解決したい街の課題」として高齢者の生活支援や環境教育の充実、ホームレス問題などなどいろいろあります。では、これを解決するためにはどうしたらいいのだろう。何か事業としてできないか、何をすればいいのだろうと。これが事業化の第一歩です。

起業の方法には色々あると思いますが、分けて考えましょう、といっています。

地域ニーズや自分の中のつぶやきを解決するためには、自分ひとりで済むことなのか、それとも仲間でした方がいいことなのか、まずここで道が分かれます。もちろん、一人で出来ることもいろいろあります。さらに、一人でやるにしろ仲間でやるにしろ、ボランティア的にやるのかきっちり事業としてやるのか、ここでまた２つに分かれます。他の仕事をしている人たちが出来る範囲でやるというのもボランティア的になりますがそれも有益だと思います。でもある程度しっかりと責任をもって、継続できるよう報酬をもらいながらやっていくことも一つの方法だと思います。

ワーカーズで起業することを選択するには、まず一人ではなく仲間とやろうと思う。 それがまず一つ。 次に仲間とボランティア的にやろうもありますが、「仲間と事業としてやろう」、この道を選んだときに選択肢の一つとしてワーカーズ・コレクティブがあるのではないでしょうか。

そして、アンテナを立てましょう。今まで見過ごしていた情報や人が集まってきます。ですから、まず旗揚げしてアンテナを立てます。３人集まれば一つの核ができます。東京ワーカーズ協同組合では３人集まって事業化を目指すとはっきりした段階で「発起人会」という形にしています。そしてそこでいろいろ細かいことを話し合って地域の呼びかけもして、さらに人も集めて「準備会」をつくりワーカーズ設立につなげます。

その手助けを東京ワーカーズ協同組合もしますし、地域への呼びかけということでは生活クラブの組織も使います。この後ろ盾は有効です。こういうものが何もないところから仲間づくりというのは難しいですよね。私は行政もそういう視点を持ってもいいのではないかと思います。例えば「まちづくりセンター」のようなところで、こういう情報の受発信をする拠点になるとか。とりあえず私たちには生活クラブの組織がありますので、そこから始まって、組合員でない人たちにも広がっていく、そういう力があると思います。

無理をせず、背伸びしない範囲で始めることです。やれる範囲内でいいんです。だんだん大きくしていけばいいわけですし、大きくすることに拘らなくてもいいと思います。まちの中で、心地よく暮らすための機能を継続して担うことを重視して、事業をおこなうことを大切にして活動をすすめています。

これからの生協の共益・公益活動

藤岡武義
（日本生活協同組合連合会
常務理事）

1 日本の生協運動の現状

日本の生協の概況を知る上で、「2001年度全国会員生協の総合概況」(表－1)で見ますと、生協の法人数は日本生協連の会員としては650ぐらいですが、厚生労働省の統計では約3,000あります。その中には、休眠状態の生協もありますし、日本生協連に未加入であるけれども活動している生協がある。特に共済生協はほとんど日本生協連に未加入ですし、職域生協も日本生協連に未加入のものがかなりあると推定されます。ただ、事業的には、日本の生協事業の90%、特に購買事業についてはそれ以上が、日本生協連加入生協でカバーされるのではないかと思っております。

2001年度の日本生協連の会員生協数は573。その内訳は、購買生協441、医療生協119、共済・住宅生協13です。購買生協441のうち、地域生協は約200で、それ以外が大学生協とか職域生協ということになります。

組合員数は2,104万7,000人。うち購買生協は1,791万3,000人で、大学生協や職域生協を除いたいわゆる地域生協は約1,400万人です。地域生協の場合、家庭の主婦が加入している場合が多いわけですが、家族は利用組合員とみなされますので、世帯数でカウントすると、1,400万世帯は日本の総世帯数の３分の１になります。組織率がそこまで来たということです。

表－１　2001年度全国会員生協の総合概況

			99年度		2000年度		2001年度	
NO	項目	単位	数値	前年比	数値	前年比	数値	前年比
1	会員生協数	生協	607	98.2	587	96.7	573	97.6
2	購買	生協	469	97.9	455	97.0	441	96.9
3	医療	生協	125	100.0	119	95.2	119	100.0
4	共済・住宅	生協	13	92.9	13	100.0	13	100.0
5	組合員数	千人	20,814	100.9	21,038	101.1	21,047	100.0
6	購買	千人	17,483	102.5	17,698	101.2	17,913	101.2
7	医療	千人	2,107	98.5	2,260	107.3	2,112	93.5
8	共済・住宅	千人	1,224	85.2	1,080	88.2	1,022	94.6
9	総事業高	百万円	3,322,326	98.4	3,283,220	98.5	3,244,997	98.8
10	供給高	百万円	3,007,338	98.4	2,932,237	97.5	2,903,729	99.0
11	利用高＋その他事業高	百万円	324,988	97.8	350,983	108.0	341,268	97.2
12	購買生協事業高	百万円	3,086,741	98.4	3,016,671	97.7	2,977,186	98.7
13	（組合員１人当り利用高）	円	14,713	96.0	14,204	96.5	13,850	97.5
14	購買生協供給高	百万円	3,004,577	98.4	2,928,120	97.5	2,899,222	99.0
15	（うち店舗供給高）		1,440,185	95.2	1,364,474	94.7	1,294,542	94.9
16	（うち共同購入供給高）		1,484,356	107.6	1,480,484	99.7	1,428,997	96.5
17	購買利用高＋その他事業高	百万円	82,164	97.7	88,551	107.8	77,964	88.0
18	医療生協事業高	百万円	232,795	98.0	255,280	109.7	241,545	94.6
19	共済・住宅生協事業高	百万円	12,789	97.2	11,270	88.1	13,152	116.7
20	組合員出資金	百万円	484,276	103.8	508,328	105.0	526,696	103.6
21	購買	百万円	438,149	104.2	457,037	104.3	476,420	104.2
22	医療	百万円	42,068	102.8	47,346	112.5	46,363	97.9
23	共済・住宅	百万円	4,059	78.3	3,945	97.2	3,913	99.2
24	組合員１人当り出資金	円	23,267	102.8	24,162	103.8	24,766	102.5
25	購買	円	25,061	101.6	25,824	103.0	26,596	103.0
26	医療	円	19,966	104.4	20,950	104.9	21,952	104.8
27	共済・住宅	円	3,316	92.0	3,653	110.2	3,829	104.8
28	組合員借入金	百万円	108,489	97.7	108,043	99.6	101,580	94.0
29	店舗数	店	2,556	95.0	2,445	95.7	2,688	109.9
30	売場面積	㎡	1,629,446	101.2	1,568,707	96.3	1,683,752	107.3
31	正規役職員数	人	57,130	98.2	55,375	96.9	52,189	94.2
32	日生協供給高	百万円	278,028	100.0	278,406	100.1	282,555	101.5
33	生協の小売りシェア	%	2.6		2.6		2.7	103.8

（注1）2001年度生協の小売シェアは、経済産業省2002年６月分商業販売統計月報の小売業年間販売総額より自動車小売業と燃料小売業の年間販売額を除いた額をもとに計算しました。
（注2）会員生協数に全国連、都道府県連、農・漁協は含みません。
（注3）購買生協の１人当り月利用高は、期首・期末組合員数の平均で算出。
（注4）利用高はサービス事業高、その他事業高は共済事業高及び手数料収入のみの事業高。
（注5）店舗には、大学生協の購買部門をその他の業態として加えています。

総事業高は３兆2,449億9,700万円。うち購買生協は２兆9,037億2,900万円で、生協全体の小売分野に占めるシェアは2.7％です。これはいわゆる小売総額に対するシェアで、食品小売総額約40兆円弱に対する生協の販売高は5.7％になります。

ついでに主要国の生協の食品小売シェアを見ますと、イギリス、イタリアがともに６％前後で日本とほぼ同じです。20％前後まで行っているのはスウェーデン、デンマーク、ノルウェーで、スイスはもっと高くなっています。半面、フランス、ドイツは、小さな生協は残っているけれどもほとんどカウントできない。生協は壊滅状態にあります。ですから、われわれとしては、ヨーロッパ主要国の中では、イタリア、イギリス、北欧などに注目しています。

組合員出資金は、組合員一人当たり２万4,766円でそんなに大きな金額ではありませんが、総額としては5,266億9,600万円となっています。職員数は、正規役員が５万2,189人で、パート職員は13万人といわれています。

日本の生協活動は、社会的取り組みを活発に行っている。それから、われわれにとって当たり前だけれども、メンバーシップ制がきちんと確立している。ヨーロッパでは最近それらに再度注目する動きがありますが、そういう点が日本の生協の特徴だと思われます。

事業的な特徴については、今回あまり大きなテーマではありませんので省略します。

2　生協における共益性と公益性

ここで言う共益性というのは、私なりに解釈して、生協のメンバーシップに基づく協同でありメンバーの利益のために働く、というようなものとして受けとめました。「協益性」ということで、別の定義を当てる可能性もあると思いますが、これは橋本吉弘さんのレジュメにありますのでそちらにお譲りして、私は「共益性」で通したいと思います。

1995年、マンチェスターで開催されたＩＣＡ（国際協同組合同盟）100周年記念大会において、「協同組合は、共同で所有し民主的に管理する事業体を通じ、共通の経済的・社会的・文化的ニーズと願いを満たすために自発的に手を結んだ人々の自治的な組織である」という、協同組合の定義を確認しました。これが国際的な共通理解の基準になっており、国連やＩＬＯ等でもこれをベースに議論されています。

この特徴は、メンバーシップ制を強調した。つまり、「共同で所有し民主的に管理する」というところにポイントがあるのではないかと思います。

「民主的に管理する」という部分については、協同組合の定義以外に７項目にわたるＩＣＡ協同組合原則があって、それに基づいてガバナンスの特徴がつくられています。私なりにガバナンスの特徴を言いますと、１人１票制などの協同組合組織原理と、利益配分をする場合制限された利益配分をする、ということです。

ＮＰＯと協同組合を仕分ける基準として、メンバーに対して利益配分しない、という基準があると聞いておりますが、協同組合の場合には「制限された利益配分」というところに特徴がある。このへんに非営利性が反映されているというふうに考えております。

一方、公益性にかかわる協同組合関係の言及としては、ＩＣＡ協同組合原則の第７項に、「協同組合は、組合員によって承認された政策を通じてコミュニティの持続可能な発展のために活動する」という原則があります。

実はこれは95年の原則改定で初めて入れられました。社会のために貢献するというのは当たり前の話で、なぜ95年になって、というのが日本の生協の感覚ですが、推定するに、ヨーロッパの協同組合というのは、仲間のために何かをする組織で、仲間以外のところに貢献する時は仲間が承認した範囲で厳密にやる。だから、「承認された政策を通じて」という言い方をしているのは、ヨーロッパの協同組合の限界みたいなものがあったのではないか。

そして、最近、むしろ一般企業のほうが、特に環境問題等を通じて社会貢献というようなことを議論するようになって、協同組合も、いち早くとは言えない時期にこれを入れた、ということだと思います。

公益性の問題については、原則でこのような非常に限定的な表現をしている一方、ヨーロッパでは、90年代になって、従来型ではない、新しい協同組合のスタイルが発展してきました。特に、この研究会で議論されてきていると思いますが、社会的経済という概念の基礎になるイタリアでの社会的協同組合の動きがあります。

これは、弱者の自助あるいは相互扶助のための協同組合という性格をもっており、社会的な貢献を協同組合のかたちをもって、障害者とか、麻薬中毒者や刑務所から出所した人たちへのサポートを、協同組合スタイルで行っていく。つまり、公的な助成や自治体事業を受託するというかたちで、非常に発展してきたわけですが、そんな歴史が新しい流れとして出ております。

しかし、これはＩＣＡの本流から外れています。ＩＣＡも、従来型協同組合からの脱皮とか青年に視野を向けるとか、そういう意図もあって、手を差しのべたり、提携しようとしていると思いますが、必ずしも同一潮流になっているわけではないということです。スウェーデンなどでもそのような動きがあるようですが、こういう新しい流れは、公益性という概念にピタッとくるのかなというふうに思います。

3　生協の共益・公益活動

公益性にかかわる諸テーマは、日本の生協においては、戦後の発展のスタート時から、食品公害―食品添加物あるいは食の安全性との関係、環境問題などに取り組んできているので、むしろ当たり前のことです。つまり、メンバーによる相互扶助・共益性と、メンバー外の他者への援助・公益性とは、あまり区分できないで進んできた。

さらに、先ほど言いましたように、世帯組織率が上がってきますと、組合員≒市民ということになっていく。地域によっては、コープこうべのように世帯数の100％以上組織している。これは、亡くなった方の法定脱退の処理をしないからですが、そういうところでは、この区分はあまり使われてないというか、感覚がないと言ったほうがいいと思います。

原理的にいえば、自分たちの暮らしの向上を求めていこうとすれば、自分たちが事業を行って何らかの商品やサービスを手に入れるだけでは済まずに、それらの実現の桎梏となる社会的なシステムを変えていかなくてはいけないという認識に到達する。したがって、社会貢献なり社会的提言をやっていくということになろうかと思います。

そこで、商品・サービスの供給者として、生協の中心的任務の第１が食の安全問題だとすれば、食の安全の社会的システムづくり、さまざまなアドボカシー活動が重要です。つまり、自分で事業をやって示すことと、社会的なシステムをいろいろなかたちで提案・提言していく。この２つに分かれると思います。

数年前、私どもは21世紀の生協についていろいろな文書を作り、その時に、提示型運動と提案型運動という２つの概念を提起しました。70年代までのいわゆる抵抗型・プロテスト（異議申し立て）型運動から、それらを捨てるのではなく維持しながらも、同時に社会の有りようを提案していく。そして、自らの事業を通じて社会に実現し、示していく。この２つが運動の方法論として重要ではないかということです。

食の安全については、この間の非常に深刻な事態も反映して、アドボカシー活動が実を結ぼうとしています。すなわち、食品安全基本法、食品安全委員会が来年にも提案され、行政機構としてつくられていきますし、従来型の手法を超えて、リスクアナリシスという新しい手法を日本政府もやっと導入する姿勢になってきている。これはわれわれの運動の成果だろうと思っております。

もちろん、提起されてくる中には、いろいろな限界や不十分な点が出てくると思いますが、基本的な流れはわれわれも促進する方向で進めていきたいと考えております。

２番目は環境に絡む諸活動です。（表－２参照）ＩＳＯ14001認証を取得する生協は2002年度末で50になる予定です。

ただ、私などが感じますのは、ＩＳＯ14001認証取得というのは、継続性あるいは公開性という点からたいへん重要ですが、あくまでも手続きを確認したに過ぎないのであって、例えばCO_2削減について、自らの事業の舞台に何を乗せていくのか。

つまり、生協はコンテンツの部分で必ずしも本格的な取り組みができていない。トラックが全国を何万台も走り回っているわけですが、その排ガスをどう

表－２　生協の環境に配慮した商品の供給状況（2000年度）

	商品数	供給金額（百万円）
①会員生協独自の環境配慮商品	983	9612
②日本生協連の環境に配慮した商品	221	12837
③その他（エコマーク商品など）	112	183
合　計	1316	22632

※日本生協連の環境に配慮した商品は、日本生協連が会員生協に卸し売りした金額の合計を把握しているので、それに25%の小売りした金額の合計を把握しているので、それに25%の小売マージンを上乗せして、会員生協の売価ベースに換算した。
※会員生協独自の環境配慮商品、日本生協連の環境に配慮した商品の中には、エコマークの認定を受けているものもあるが、③には含まれていない。

減らすのか。方法論はいろいろあるけれどもまだ徹底してないし、店を造れば必ず多量のエネルギーを使うわけですが、それをどうやって減らしていくのかというような努力も、まだまだ不足しています。

確かに難問ではありますけれども、先進的な企業よりむしろ遅れている面があるので、そこを正面突破しないと、生協が社会的な提示行動によって影響力を与えていくということは、できないのではないかと考えております。

第３のテーマは福祉です。(表－３参照)福祉については、介護保険制度導入を機に、われわれも介護福祉事業に参入したわけですが、生協の先行的な取り組みとしては「くらしの助け合い活動」　があり、2001年度の年間活動実績は227万8,815時間となっております。公的な介護保険事業ではなく、私的な分野でこういう福祉活動のベースが広がっているということです。

高齢者介護についてはいろいろな議論があろうかと思いますが、福祉の分野では、最近、子育て支援への取り組みが急増しており、生協の施設や公的な施設を借りて、「子育て広場」に子育て中のお母さんがただ集まってくる。そうい

表－３　生協の福祉事業

事業別	到達状況・他
福祉情報・ 相談サービス	●全国22生協に「センター」設置。 ●福祉活動・総合情報相談せんた一機能を果たす。 ●介護保険制度導入にあたりますます役割が重要に。
視覚障害者対象の 声の商品案内 (リーディングサービス)	●27生協の取り組み。(※01年９月時点、利用者1,272名)。 ●組合員ボランティアによる機関紙・誌等のテープ録音・点訳、商品への展示シール貼付等。
ふれあい便・ 個配ふれあい制度	●12生協で実施。 ●ドゥコープ(埼玉県)が市の生活支援事業としての位置付け。
毎日型給食サービス	●３生協で本体事業として実施。
介護保険事業	●40生協で30億円。 居宅介護支援事業33生協　訪問介護事業33生協 福祉用具貸与事業26生協　通所介護事業15生協
在宅介護支援センター	●２生協が３ヶ所で実施。(99年度スタート)
介護機器・用品供給	●カタログ『ふれあい専科』は、52生協の取り組み
施設関係	●社会福祉法人で特別養護老人ホーム５施設（４生協） ●社会福祉法人でデイサービス運営が８ヶ所（８生協）
医療生協の取り組み	●訪問介護ステーション207　デイケア169 ヘルパーステーション112　デイサービス18 老人保健施設10　在宅介護支援センター49

う企画を進めております。

あえて「ただ集まってくる」と申しましたのは、生協が主宰すると、どうしても誘導したがったり何かを教えたがったりします。それが一番いけないので、ただ受け入れる。そのトレーニングをしているわけですが、このところ急速に広がっています。

これは子育て期を終えた方がリーダーである場合が多いわけですが、生協がそこにもっと力を入れなくては思っているのは、組合員の高齢化問題があります。全国の生協組合員の平均年齢は、現在49歳で、次回の全国組合員意識調査では50歳を超えるかと思います。

組合員の年齢層をグラフに取ると、今は、30代前半のところでピークとなり、そこからずっと横ばいで、60歳ぐらいで下がってくるという台形状になっています。昔は山型で、30年ぐらい前は今の60歳あたりがピークでしたが、その後、山型にはならずに台形状で移動している。つまり、残念ながら新規加入者は現状維持の範囲にとどまっているのが現実で、生協の影響力の拡大を考えると、子育て層の方々の加入がもっと増えていいと思うわけです。ただ、最近の食品の安全をめぐる非常に大きな不安からすると、生協への加入度は高まっているという状況があります。

話がやや逸れますが、従来の生協加入のスタイルは、共同購入の加入が圧倒的に多かったわけですけれども、最近では、班を作る共同購入と違って、いわゆる無店舗の供給事業の中に個配（戸配）があります。これが爆発的に成長していて、今年上期の伸長率は128％という勢いで、無店舗供給事業の約３分の

1が個配というところまで来ました。

ですから、遠からず過半数を超えるだろうということで、従来の班イメージは大幅に変更されつつあります。班が無くなってしまうかというと、班というグループによる人と人とのつながりなど、いろいろな良さはあるわけですが、個配の成長は、おそらく今後10年ぐらい続くだろうと思われます。

その理由は、班の桎梏というのもあります。例えばお当番さんに預かってもらわなくてはいけない場合、心苦しさみたいなものがありますし、生活時間がずれている。特に就業主婦が増えていますので、個配の成長率が高い。ただ、若い方は個配で年配の方が共同購入、というわけでもありません。若い方から年配の方まで個配の共同購入をという状況です。とはいえ、若い方への一つの提供条件になっています。

もう一つ新しい業態として、同じ共同購入の個配ですけれども、従来型の用紙による発注ではなく、インターネットを使って発注するシステムが全国的に普及してきて、今年中に50生協ぐらいになると思います。現在のところまだ20生協ぐらいですが、それでも20万人ぐらいが利用しており、インターネットで発注する方は、利用単価が比較的高いというような数字も出ています。

事業の展開を考えた時に、われわれは、特に若い方々への接近方法を多元的にしていかなくてはいけないと考えており、運動上では、子育て問題が一つの重要なファクターかな、というふうに思っております。

その他、社会貢献なり公益性に絡むテーマでは、緊急時における物資供給等に関する協定が阪神・淡路大震災以降、地震・水害・噴火等の自然災害時の被災者支援を目的とした生活物資の供給について、地方自治体の238と締結されています。

「審議会への参加状況」というのは、生協のアドボカシー活動の一つのスタイルとして、行政の各種審議会に生協連がどのように関与しているか、という調査をしたものですが、2001年度では、483件となっています。政府審議会への参加は少なく、まだまだ生協の存在感が弱いのかなというふうに思っております。これは行政の姿勢の問題もあります。最近では、食品安全委員会に消費者を入れるのか入れないのか。ヨーロッパでは当たり前なのに、日本ではまだ消費者意識に詳しい専門家という言い方でお茶を濁している状況で、先日もＮＨ

Ｋで、イギリスと対比してどうかというようなスペシャル番組を放送していました。

国際的な協同組合間の支援活動について、基金を設けておりますので載せていますし、ユニセフの募金集金状況についても載せています。

それから、生協の福祉と環境の２大テーマに関しては、「ＣＯ・ＯＰ」Vol.87号が出ましたので、それを見ていただければと思います。

4　ガバナンスの問題

一般企業のように、不祥事が各所で頻発しているとか、腐敗し切ってどうしようもないということはありませんが、生協においてもいくつかの不祥事が発生しています。社会的に被害が大きいということで言うと、粉飾決算等、経営不全を放置することによる倒産という事態が出てきています。

典型的なのは釧路の生協の事例です。ここは破産状態で、裁判所による和議決定をいただいたのですが、それも約束を守り切れるかどうかという段階に来ております。また、大阪・いずみ市民生協で生協の私物化事件がありました。

それから、今年１月以降騒ぎになったわけですが、全農チキンフーズという会社が国産の鶏肉と称して外国産の鶏肉を入れたとか、農薬を使わないと言っていて使ったとか、そういう偽装を見抜けなかった事件がありましたし、もう少し前には、佐賀の生協の職員が意図的に指示して、外国産牛肉を国産牛と称して売っていたという事件もありました。

そんなことで、枚挙に暇がないと言うとちょっと言い過ぎですけれども、かなりの数の不祥事が起きています。

その原因は、見抜けなかったということも含めて言いますと、やはりプロではないということです。本来のプロフェッショナリズムというのは、倫理を備え、かつ、技術、知識、経験という点で、営利企業と少なくとも同等以上でなければならない。

それに即して見ると、倫理という点では、生協のリーダーたちは一般的に高いと思いますけれども、知識が少ないと、社会性を問われる事件が結果として起こることがあります。その点を考えると、主要な生協のリーダーといえども、

30年前に生協を創立した時は運動家だったわけで、その後、100億、200億、1,000億という事業をやる経営トップとして、本当の成長がしきれてないところがある、と言えるのかなと思っております。

そこでプロフェッショナリズムとは何かと考えると、一般企業も全く同様かと思いますが、戦略性、起業家精神、スキル、倫理性、リーダーシップ等を持っているということだと思います。すべてこの点だけはちゃんとしている、というふうに考えていきたい。ある場合には愚直であると言われても、それが誇りになるような、そういう仕事の仕方をしていくべきではないか、というふうに思っております。

そして、リーダーシップの中には、生協運動のリーダーであるという価値観を十分に持ち、大衆運動のリーダーとしての資質が求められているということは、言うまでもありません。

倫理問題に関連して、内部告発の問題、コンプライアンスの問題を含めて、生協のガバナンスについて、もうちょっと考えを進めなくてはいけないかなというふうに思っております。

その一つに、社会的監査という概念があります。例えばイタリアの生協ですが、ソシアルバランスシートという名前で、社会的な達成度を一つのレポートとしてつくっています。多くの企業・組織は、マニュアルレポートの中にそれらの要素を組み込む。欧米ではそれが常識になっているかと思いますが、生協においても、そういうまとめ方をしていきたいと思っております。

コープこうべは、５年ほど前に生協総合評価システムというシステムを導入して、事業上の達成度と同時に、社会的貢献度についてデータを指標化して、過年度と比較して進んだ・遅れた、というようなレポートを出しています。

5 「公益法人改革」をどう考えるか

今回の研究会のテーマかどうか、よく分かりませんが、いま公益法人改革の検討がされています。いわゆる小泉改革の中で公益法人改革が位置づけられ、これが議論されているのは、特殊法人改革の次に公益法人改革、という文脈なのではないかと思います。

われわれ市民の立場から見た時に、いわゆる天下り先として行政がつくった特殊法人や公益法人の中に、存在意義がすでになくなっているのではないかというものや、そのガバナンスについていろいろな議論があるところですけれども、財団法人生協総合研究所の立場からしますと、まとめて水に流して壊されてはたまりません。本当の意味での公益とは何かということを公益法人改革で議論すべきではないか、というふうに思っております。

私は、今の民法の公益法人と営利法人という分け方は、２つの概念を混ぜて入れてしまっているのではないか。つまり、営利か非営利かという概念と、公益か私益かという概念は、縦軸・横軸で整理されるべきだと考えます。例えば、電気・ガス・交通などの事業は営利法人が営んでいるが、公益事業と言えます。一方、非営利法人も、公益事業ばかりでなく私益事業がある。

生協を非営利法人のブロックに入れるとすれば、この縦軸・横軸の中でどういうポジションを主張していくのか、ということが重要になるのではないか。

現行の、公益法人の税制は、みなし寄付ルールがありますから、収益事業に対する税金も非常に少ない。生協の場合には、協同組合の税率ということで、農協と同様軽減税率です。一般の法人税に比べて８％低くなっています。

これをあえて返上するなどという議論がないとは言えません。その代わり、いろいろな桎梏を外してくれというイコールフッティングの考え方もありますが、日本生協連としては、現行の協同組合税率を維持すべきであると主張しています。

非営利法人の枠組みで、緩やかな軽減税率を先ほど紹介した「協同組合のアイデンティティに関するＩＣＡ声明」の《価値》のところを見ますと、「正直、公開性、社会的責任、他人への配慮というような倫理的価値を信条とする」とあります。

したがって、われわれは、一般営利企業と区別するべきである。そのことによって、社会の構成要素としての非営利法人の役割、いわゆる第三セクターの役割というのを政府が認知すべきである。このような主張をすべきではないかと思っております。

一方、公益事業に対する原則非課税については、何をもって公益かという認定がありますけれども、現行の財団法人あるいはその他の社団法人、学校法人等非営利法人の考え方を移行していく上でも、重要なのではないだろうか。

法律上の法人概念をどう組み替えるかということについては、まだまだ議論があるかと思いますが、途中で中間法人などという訳の分からないものが出てきたりしています。一方、ＮＰＯ法も新しいステージに来ているというようなことで、われわれの協同組合陣営としても、それらの議論に大いにタッチしていくべきではないか、というふうに思っております。

社会的経済の視座と生協の「共益・公益」活動の意味

橋本吉広
（ＮＰＯ法人 地域と協同の研究センター事務局長）

1 「第３の道」とは——社会的経済をめぐる政治路線として

はじめに、生協における共益・公益を考える際の前提といったあたりから話を始めることにします。

このプロジェクトがかかげる「社会的経済」という概念は、すでに20世紀の初頭から提起されていたといわれますが、ここではもう少し時代を限定し、ＥＵ諸国で「第３の道」と呼ばれる政治路線が選択されるようになった時期を念頭において議論していくことにします。

高木郁朗氏は、第３の道に関する欧州調査[1]のなかで、いくつかのインタビューを通し「なぜ「第３」なのか」を問い、その答えとして1960年代型、70年代型の「古典的社会民主主義」(第１の道)、1980年代型のサッチャーリズムに示される「新自由主義」(第２の道) に対し、この両方を止揚するという意味での「第３の」という認識は、イギリスでも、ドイツでも共通に示されたと報告しています。と同時に、「細部にわたって『第３の道』についての理解が一致しているとはいえない部分があった」と述べ、とくに伝統的な「福祉国家」概念とのかかわりをどのように位置づけるかは、「つながりを強く意識する場合と、新しい世代の新しい提起として断絶を強く意識する場合との双方が混在していた」との印象を紹介しています[2]。

表－１

	古典的社会民主主義	新自由主義	第３の道
共通する項	「直線的な近代化」・「環境問題への低い認識」		経済の第３次産業化・サービス化
	「東西２局世界への帰属」		（ソ連・東欧の政治経済システムの崩壊）
対立する項	社会は国家に包摂	社会は市場に包摂	「社会」の独立性

ギデンス『第３の道』の整理に基づく高木郁朗による再整理

高木氏は、さらにギデンス『第３の道』に依りながら、古典的社会民主主義と新自由主義の内容を整理し、「第３の道」は、その両者に「共通する項」については両者に対抗的で、かつ両者が「対抗的な項」についてはその対立を止揚するものを示さなければならないと説くことで、「第３の道」が担う課題の歴史的な構造を提起しています。

しかし、日本では福祉国家政策は不徹底であり、「福祉国家」といえる実態はなかったとする主張さえある程です。こうしたヨーロッパでの「第１・第２・第３」といった時代区分や、経済社会の発展段階としての「第３」を論じる現実的基盤が、日本でどのように存在すると考えたらいいのでしょう。もし日本で社会的経済を論じるとすれば、私たちは日本における歴史的な段階や現実のなかに、対案としての「第３」を可能にする根拠を示さねばならないでしょう。

2　生協における「第３」の認識

が、ここで展開される「論理」は、日本の生協の現状を考える際に貴重な示唆を与えているように思われます。つまり日本の生協にとって、いまなお「生き残り」が実践上の至上命題であり、本格的に21世紀の展望を描き切れないのは、日本の生協における「第２」から「第３」への明確な転換を我がものとできていないためだと考えるのです。

すなわち60年代後半から70年代に、まず“組合員に依拠した”とか“組合員自身の”といった協同組合「原理」主義的な実践が広がりました。この時期が「第１の道」。つづく80年代後半から90年代前半にかけて、“利用も参加”論のような主張と共に組合員の顧客化現象が生まれ、市場主義的な展開が顕著になりま

表－2　ヨーロッパにおける「第3の道」への展開と日本の生協モデル

ヨーロッパでの政治路線の展開	古典的社会民主主義	新自由主義	第3の道
日本の生協の展開	日本型市民生協 1960年代後半～ "組合員に依拠した" "組合員自身の"	市場主義的生協 1980年代後半～ "組合員の顧客化"	模索期の生協　1990年代中盤～ ○市場主義の「修正」型生協 "組合員の「個」密化" ○「第3の道」型生協 "組合員の市民化"

した。これが「第2の道」。ところが90年代後半には、そうした市場主義的な経営の破綻に対して、各地で異議申し立てが起こって、それへの対応が模索されました。しかし、それらはおおむね組合員参加による市場主義の「修正」に留まっているように思われます。その修正とは「顧客」の「個客」化とでもいえると思いますが、組合員の協同よりも協同組合事業の内部に蓄積されてきた事業力量に依拠した実態が進行しているように見えます。しかも生協が、そのように市場主義からの離脱が難しいのは、日本の経済社会自体が依然として新自由主義の直中にあり続けていることと無関係ではないでしょう。

そうしたなかで、ヨーロッパにおける「第3の道」の展開を注意深く見てきたいくつかの生協にあって、時代の転換をはっきり意識して市場主義的生協に訣別を告げ、新たな展開に向かう努力を始めているところがあるように思われます。では、そこにおいて「第3の道」を標榜しうる基盤とは一体何なのでしょう？この点を考えるために、焦点を生協から少し引き日本における「第3の道」の可能性について話を戻して見てみることにします。

広井良典氏は、「なぜ、これまでの日本の社会保障給付費はこれまで低くてすんだのか」と問いかけ、二つの背景ないし原因を挙げています。一つには「カイシャ」及び「核家族」という、「インフォーマルな社会保障」とも呼ぶべきセーフティネットが強固に存在したことであり、いま一つは「公共事業」が実質的に"社会保障"としての機能を担ったことを挙げます3)。

つまり日本では、「公共事業は道路建設等さまざまな雇用、つまり"職"を提供し、その分野に従事する人の生活保障を行ってきた」が、それは農水省における農業関係の補助金、地方交付税交付金のシステム（「都市圏―地方（田舎）」

の所得格差是正)、通産省における中小企業へのさまざまな補助政策などと共通で、いずれもが「生産部門を通じての社会保障」であったと指摘します。

つまり、ヨーロッパ諸国では1970年代の失業率上昇に対応するため失業保険給付の拡大などが急速にすすんだのに対し、同時期の日本では社会保障の強化よりも公共事業の拡大によって経済失速への対応がおこなわれた点が特徴であると述べています。

こうみるとブレア政権がとる“Welfare to Work”の政策は、日本ではすでに経済政策に埋め込まれた社会保障政策として実施済みとなる訳です。そして構造改革のなかにあっても、「新市場・雇用創出」(平成13年５月25日経済産業省)といった形をとりながら、日本的な体質として引き継がれているといえます。

広井氏は、こうした従来のやり方を改め、経済政策から社会保障を切り離すことを主張するのですが、そこでの切り離された社会保障とは、生活の場における「生活の質」を社会的に保障することを意味するはずであり、それは生活のなかに「社会」保障を埋め戻すことを含意するといえるのではないでしょうか。しかも、埋め戻す社会とは、もはや「カイシャ（企業社会)」ではなく、「核家族」でもないとすれば、新しい生活コミュニティの形成を射程に入れることが必然的な要請となります。

私は、日本、そして日本の生協が「第３の道」へと展開していく可能性や根拠をこの点に求め、そこに期待を込めながら、生協における公益・共益の話に入っていきたいと思うのです。

3　これからの生協の共益・公益活動

前提が長くなりましたが以上の議論を踏まえて、本題である「共益・公益」の話題に入ることにします（ここで私は、共益・公益を生協における組合員の利益＝協益とは区分して用いることにします)。

最近の議論のなかで、1995年に採択されたＩＣＡ協同組合原則が、その第７原則で「協同組合は、組合員が承認する政策にしたがって、地域社会の持続可能な発展のために活動する」と規定していることを受け、協同組合の地域社会への関与が「当然のこと」として扱われる場面にしばしば出会います。しかし私は、協同組合が地域社会に関与するには、文言通り「組合員が承認した政策」が前提にあるべきで、その承認なしには地域社会への関与はないと考えます。そして、ここで協同組合自身にとって肝心なのは、「関与」の前にある「承認」のプロセスを通した組合員の「市民」化であり、その上で「関与」を通して協同組合の「市民化」が成熟していくことだと考えるのです。

では組合員の市民化、協同組合の市民化の成熟とはどういうことなのでしょう。ＮＰＯ法は、「公益」（第１条）を「不特定かつ多数のものの利益」（第２条）と言い換えており、これに対比していうなら、協同組合が実現をめざす協益とは「特定かつ多数のものの利益」だと、簡潔に述べることができます。この文脈からいえば、組合員の市民化とは、組合員が自分の利益だけではなく、広く（不特定の）市民の利益を視野に入れた上で協益を追求することだといっていいでしょう。

さきに私は、広井氏の議論を引きながら、経済政策から切り離され自立した社会保障とは、生活の場における「生活の質」に対する社会的な保障を意味し、それは生活のなかに社会保障（国家保障に対する「社会」保障）を埋め戻すことになると述べました。そのような「社会」保障こそが、従来の「公共事業」などの公共政策を通じた上からの公益実現に対し、「社会」の諸力を通して社会益を実現することになる。日本型ともいえる「経済政策に埋め込まれた社会保障政策」が破綻しているなかで、「第３の道」の共通項ともいえる社会の力、市民社会がもつ可能性を生かす戦略に沿って、組合員の市民化、協同組合の市民化の成熟を追求することが、日本における生協にとって可能な「第３の道」への道筋であると考えるのです。

4　市民公益、社会公益の実現への道筋

このような市民公益、社会公益を協同組合が追求することは、協同組合の実践の側からの要請ともなっています。

かつて、添加物や農薬を排除すれば生協商品の「安全性」が確保できると考えていた時期（信じていたというべきかもしれませんが）とは異なり、いまや生協だけの閉じた世界をつくることで「安全性」が調達できると考えることは、

図－１

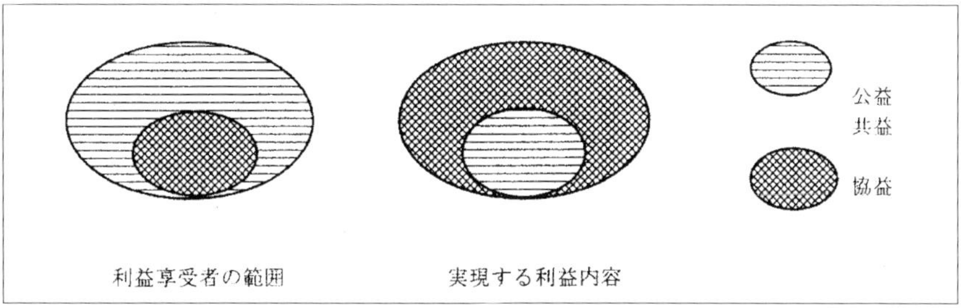

もはや“神話”に近いことが、ここ１、２年の諸事件を通して理解されるようになっています。環境ホルモンでも、ＢＳＥでも、地球環境から体内環境にまで及ぶ生態系とか、生産諸資源の循環を含む経済社会システム全体のなかで、生協の商品や事業が存在していることに組合員が気付くことになりました。したがって協益の実現が先行し、その普遍化として公益の実現を促すという筋道とは異なり、実現すべき公益の中味を先見的に提起し、その公益の実現プロセスにおける、協同組合の具体的なパフォーマンスによって協同組合の存在意義を問う時代に入っているといっていいのではないでしょうか。

例えば、生活クラブ生協（千葉）が「たすけあいネットワーク事業は、全国の地域生協の先頭を切って、着実な事業実績を積み重ねています。厚生労働省は02年度から「新型特養」(全室個室、ユニット型)を制度化しますが、「風の村」が、そのモデル施設として、全国から熱い注目を集めています」(2002年第26回総代会議案）と述べるとき、協同組合が担うべき社会的なスタンスのわかりやすい事例が、そこには示されているといえます。

もう少し一般化するならば、一般に利益享受者の範囲からすると「協益＜公益(共益)」との理解が生まれるでしょうが、利益の内容を問う場合には、公共による「ミニマム」保障に対する協同による「オプティマム」志向という対置が示すように、「公益（共益）＜協益」という関係も成立します。この２つの関係を、私たちがどう理解するかが、生協の共益・公益活動を考える際のカギになるのではないでしょうか。

不特定多数の利益にも適った協益を、協同組合が組合員に提供するには、税金を投じて公益を実現するのとは異なる協同組合独自の取り組みが必要になります。協同組合は「相互自助」を行動原理としており、その原理にもとづいて調達される社会的資源（力）により協益を実現します。その協益の実現を図るための社会的資源の調達＝「相互自助」こそが、協同組合にとっての固有の意義ではないかと考えます。そして、こうした社会に存在する力の動員を欠いた公益の実現は、今後はますます困難になるでしょう。協同組合の存在意義は、すでにその内部に社会的力の組織化に成功している点であり、新しい公共性の実現にもっとも良く貢献できる位置に立っているわけです。

こうして協同組合の公益、共益への関与とは、協同組合にとっての一般命題ではなく、「第２」から「第３」への転換を促すという高度に戦略的な命題であり、同時に公益、共益実現のサイドからもまた、協同組合の関与は重要な戦略に位置付くといえます。

生協世界のなかに囲い込んだ生産と消費のシステムを、市民社会のなかで実現すべき時期の到来として意識し、ＮＰＯとしての生協、ＮＧＯとしての生協のあり方を問い、実現していく必要があると考えます。市場主義的生協を真に抜け出す回路は、この辺りにあるといえるのではないでしょうか。

1）高木郁朗・日本女子大学「『第３の道』とは何か」生活経済政策研究所『ヨーロッパの新しい政治と「第３の道」』訪欧調査団報告書、1999年

2）この点は、斉藤順一「第三の道と社会の変容」で、もっと踏み込んで次のように紹介されている。「周知のようにT. ブレアやG. シュレーダーの掲げる「第３の道」あるいは「新しい中道」がサッチャーやコールの時代のネオリベラリズムとどれほど異なっているかについては、すでに多くの疑念が提起されている。そのなかには、「第三の道」は偽装したネオリベラリズムにすぎないという辛辣な見方すら含まれている」（日本政治学会編『三つのデモクラシー』2002年）。

3）広井良典「社会保障改革への新しい視点」『社会福祉研究』第85号、2002年10月

労金の活動と地域再生
――生活者のサポーターとしての役割

町田有三
（中央労働金庫・東京地区本部
副理事長＝当時＝）

かつて大阪でこのプロジェクト事務局の柏井さんらと一緒に活動をやっていまして、 東京へ出てきて16年、「時代の変わり目に久しぶりで労金のことを話してほしい」ということでお受けしたのはいいのですが、もともと直情的な感性で運動してきた人間ですから理論や政策は苦手であります。

「社会的経済」、「社会的投資責任」という言葉を数年前に神奈川の横田克巳さんにお聞きしていました。自治労でやっていましたから、「福祉も経済になるのだ、戦争よりもっとましな経済効果が生み出されるのだ」ということに自信をもちながら労金に関わっております。しかし、労働金庫の中での仕事は全く素人でありますから、きょうは公的に出ている資料を中心に私が感じたコメント的提起を申し上げたいと思います。

1　労働金庫の概要

●全国労働金庫の概況

まず、「全国の労働金庫の概況」です。 預金は13兆6, 228億円、 貸出金は８兆5, 122億円。そのうち中央労働金庫が３兆9, 180億円、貸出金が２兆5, 900億円で、ほぼ全国の３分の１です。

2003年１月最新のもので、中央労働金庫の預金が３兆8, 900億円、融資は２兆5, 660億円です。その中で団体への融資は1, 000億円しかありません。個人が２

兆4, 640億円。そのうちの有担保が２兆1, 170億円ということで、ほとんど住宅ローンの貸出金です。一方、無担保融資のほうはずっと▲が続いておりまして、９年連続して落ちております。(昨年は良かったのですが)全体の融資の総額はいまだに伸びておりますが、無担保の短期融資が、業績としては一番儲かるところなのですが、ここがしんどいので経営全体がしんどくなっている。

個人の融資を見ますと、カーライフ・教育・マイホーム・フリー・マイプラン（カード）といったものも期中増加で▲が多くなっています。▲が多くなっていますが、期首に比べて増減を表明しておりまして、個人融資の商品別新規実績のほうは、無担保の中で860億円、カーライフでも390億円と頑張っているのですが、返還が非常に多く、一生懸命借りていただいてもすぐ返されると、金融機関としてはしんどいことになっていくわけです。

●中央労金・東京地区の預貸金概況

次に東京地区であります。中央労金の約３分の１が東京になっております。

総融資が9, 460億円であります。商品別を見ますと、他の地区と変わりはあり

表－１　全国労働金庫概況表（速報版）

2002年12月末日

金庫名	預　金	対前年増減	対期首増減	前年度対期首増減	貸出金	対前年増減	対期首増減
北海道	662, 143	24, 114	53, 155	51, 621	466, 450	10, 519	-67
東北	1, 137, 338	30, 967	75, 652	75, 789	805, 609	4, 165	42, 025
中央	3, 918, 404	99, 723	239, 718	285, 320	2, 590, 755	6, 639	107, 594
新潟県	610, 345	22, 189	49, 716	49, 423	351, 845	5, 104	14, 627
長野県	434, 781	11, 259	25, 233	29, 635	227, 712	-1, 056	-1, 119
静岡県	809, 236	29, 325	54, 830	46, 887	467, 015	688	21, 134
北陸	603, 391	15, 300	43, 806	43, 820	335, 775	3, 336	27, 071
東海	986, 063	31, 045	71, 321	67, 897	632, 610	8, 360	79, 841
近畿	1, 510, 556	38, 520	80, 485	102, 793	977, 244	4, 797	51, 317
中国	817, 855	17, 014	40, 754	56, 990	505, 889	441	21, 532
四国	448, 623	9, 701	24, 146	28, 111	298, 954	2, 877	22, 930
九州	1, 465, 814	32, 393	80, 827	94, 462	751, 437	4, 462	24, 960
沖縄県	178, 298	6, 431	15, 239	12, 749	100, 979	1, 338	-4, 469
合計	13, 622, 855	267, 986	854, 918	945, 503	8, 512, 280	51, 675	407, 379

ません。預金も融資もいまだに伸びておりますが、収益の構造としては、低金利の中で利幅が少ないものですから、業務純益のところは▲を記録しております。住宅ローンでも、うちでは、金利だけでなく、住宅ローンを借りていただいた方の火災・生命保険などを金庫負担にしたり、いろいろなサービスをしているのですが、それがけっこう利幅を狭めている原因にもなっています。

預金のほうで財形貯蓄というのがありますが、これなどは都市銀行よりも上回っています。都市銀行・地方銀行・ＪＡバンク・信用金庫・信託銀行と比べても財形貯蓄のシェアはトップです。それは、やはり組合を通じて定期的なチェックオフによる積立貯金を組合とやっていただいているからであります。それが労働金庫の預金のメインになっているということです。

2　ろうきんの理念

次に「ろうきんの理念」です。

「ろうきんは､働く人の夢と共感を創造する協同組織の福祉金融機関です。ろ

(社)全国労働金庫協会総合企画部（単位：百万円）

前年度対期首増減	預貸率	預金増減率			貸出金増減率		
		対前年	対期首	前年度対期首	対前年	対期首	前年度対期首
-13, 411	70. 44%	3. 7	8. 7	9. 1	2. 3	0. 0	-2. 9
46, 297	70. 83%	2. 7	7. 1	7. 5	0. 5	5. 5	6. 5
137, 157	66. 11%	2. 6	6. 5	8. 2	0. 2	4. 3	6. 0
22, 180	57. 64%	3. 7	8. 8	9. 4	1. 4	4. 3	6. 9
8, 634	52. 37%	2. 6	6. 1	7. 6	-0. 4	-0. 4	3. 9
7, 509	57. 71%	3. 7	7. 2	6. 6	0. 1	4. 7	1. 7
14, 789	55. 64%	2. 6	7. 8	8. 4	1. 0	8. 7	5. 0
24, 387	64. 15%	3. 2	7. 7	7. 8	1. 3	14. 4	4. 7
22, 827	64. 69%	2. 6	5. 6	7. 6	0. 4	5. 5	2. 5
12, 529	61. 85%	2. 1	5. 2	7. 7	0. 0	4. 4	2. 7
6, 911	61. 38%	2. 0	5. 1	6. 3	0. 9	8. 3	2. 6
-18, 846	51. 26%	2. 2	5. 8	7. 1	0. 5	3. 4	-2. 6
-2, 043	56. 63%	3. 7	9. 3	8. 5	1. 3	-4. 2	-2. 0
268, 922	62. 48%	2. 7	6. 6	7. 8	0. 6	5. 0	3. 5

うきんは、会員が行う経済・福祉・環境および文化にかかわる活動を促進し、人々が喜びをもって共生できる社会の実現に寄与することを目的とします。ろうきんは、働く人の団体、広く市民の参加による団体を会員とし、そのネットワークによって成り立っています。会員は、平等の立場でろうきんの運営に参画し、運動と事業の発展に努めます。ろうきんは、誠実・公正および公開を旨とし、健全経営に徹して会員の信頼に応えます。」

昔は各労働組合と同じように綱領と言っていたのですが、それを変えて97年にこの理念に基づいてやろうということを決めました。その後、50周年記念のシンポジウムを記念して本が出まして、その中に柴田武男先生のコメントがいくつかあるのですが、私はこれに大変感銘を受けました。

これは、一言でいうといまの理念をまともにやっとるのか、という話であります。学者みたいなうちの理事長も感心していたようですが、「自由と協同の役割・融合」と言っているけれども、はじめからさっきの理念をきっちりやっていれば、別に目新しいことを言わなくてもいけるはずだということです。

柴田先生がその中で言っておられるのは、住宅は持家政策に乗ってみんなでやったものであるが、独自に開発したのはマイカーローンであった。

数年前までは、自動車のディーラーが自社製品を売り込みに来て、売り込みは強烈だったけれど、その代金は自分で金を作ってきなさいという時代であったから、そこに着目してマイカーローンというものを売り出した。これは労働者のニーズに応えるもので、それ自体は正しかった。しかし、いまやディーラーさんの金利も安く、手続きも簡単なわけで、労働金庫がそれに勝てるのか。その時代に即応した内容で対応しないといけないだろうという話をいただきまして、なるほどと思いました。

3　中央労金2003年度事業計画

次に「中央労金2003年度事業計画」です。レジュメにある事業計画（案）は、かなり議論をしてきた案でありますので、表現の問題だけで中身はほぼこれでいくと思います。

「こうした厳しい環境下においては、会員や勤労者、さらには金庫役職員が夢

表－２　2003年１月の預貸金概要〈中央労金〉(速報版)預金・融資の実績

(単位：百万円)

	１月末目標	１月末実績	目標差	月中増加	年間増加	期中増加	年間増加目標達成率	前年同期期中増加
総預金	3, 804, 713	3, 897, 332	92, 619	▲22, 981	100, 300	218, 646	217. 99%	261, 721
団体	995, 644	1, 012, 030	16, 366	▲3, 682	5, 181	37, 217	718. 34%	83, 673
個人	2, 637, 982	2, 723, 596	85, 614	▲19, 329	105, 107	198, 987	189. 32%	209, 574
一斉	171, 087	161, 706	▲9, 381	30	▲9, 988	▲17, 558	—	▲11, 526
総融資	2, 533, 961	2, 566, 307	32, 346	▲24, 448	70, 039	83, 146	118. 71%	133, 597
団体	117, 306	101, 964	▲15, 342	▲17, 535	▲60	▲15, 445	—	▲11, 106
個人	2, 416, 655	2, 464, 343	47, 688	▲6, 913	70, 099	98, 591	140. 65%	144, 703
無担保	370, 968	346, 712	▲24, 256	▲3, 269	10, 007	▲20, 966	-209. 51%	▲18, 182
有担保	2, 045, 687	2, 117, 631	71, 944	▲3, 644	60, 092	119, 557	198. 96%	162, 885

や希望をもって意欲的に運動に取り組むことができる諸施策を打ち立てることが最も重要なテーマとなる。そのためには、協同組織の精神に貫かれた活動の展開を原点とし、時代環境の変化に合わせて課題の取捨選択を行い、今求められていることに対して最善の策を実施することが求められる」。

これは柴田提言そのままを一応受け止めているつもりです。これから中身にいくわけですが、それにまつわり、次のページには労働者の概況を書いております。

「2014年には４人に１人が65歳以上になる」とありますが、それに比べて、個人の自己破産申請件数は17万3, 289件、2001年度の年間件数16万419件をすでに上回り、通年では20万件を超え、21万件だと言われております。多重債務が200万人、自殺者が３万1, 042人です。何年か前までは自己破産16万件だったのが、ドーンと増えて21万件という状況になっています。わが業界にとっても深刻な問題です。

また、全国のＮＰＯ法人認証数は8, 976件とありますが、これは2002年11月現在ですから、１万件は今年中に超えるだろうとされています。ＮＰＯ法および税制改正により、2003年度には活動種類の拡大、みなし寄付制度等が実施されるという状況です。ここで、ＮＰＯという字が初めて出てきますが、「労働金庫事業計画」の中でＮＰＯという字が８か所出てきます。それだけ認識しているということであります。

次に消費者金融ですが、これは大変な収益をあげています。しかし、個人の自己破産の急増で債権の質が低下し、貸倒償却・引当の負担が増加し、与信管理の強化から新規顧客も伸び悩んでいるといわれております。サラ金さんもやっと頭打ちではないかという話であります。その代わり、いま、「ゼロ・キュウ・ゼロ金融」というものが出ているようであります。この種のところも深刻でありますし、カードローンも出ております。新しい無担保ローンというのがどんどん増えております。

労働・雇用の関係、労働者状況について見ますと、契約社員など、正社員以外の労働者は1,118万人、４人に１人が正社員でない状況です。

ここで、「厳しい雇用情勢への対応から、 厚生労働省は平成16年度までの措置として3,500億円の『緊急地域雇用創出特別交付金』を創設し、民間企業やＮＰＯ等への委託事業を実施している」と書いています。

皆さんとも議論したいのですが、これを一度活用してみる努力というか、そういう訓練の場として、この3,500億円に着目したいと思っております。

勤労者の家計・生活。言うまでもないと思いますが、老後の生活について「心配」とした世帯の割合は８割です。９割以上の人が年金だけではゆとりある生活は出来ないと言っています。われわれのＯＢも、まだ若い者には負けないぞという思いをお持ちであって、それなりにいままでの蓄えもあり、年金も受給されていて、力もバリバリという人たちに、どうやって不安を除去して生き甲斐を共有してもらうかというのが、今日的課題ではないかと思います。

次に、生協会員との関係、中小企業サービスセンター、ろうきん友の会、未組織勤労者、ＮＰＯ活動の支援促進、自治体との連携等々、問題意識だけは事業計画の根幹に据えているつもりです。

4　連合・21世紀社会保障ビジョン

そういった労金の認識と労働者の置かれている状況に対し、私も４年前までは連合本部におりましたものですから、連合が出しました「21世紀社会保障ビジョン」の第４部だけ抜いてきました。

「未組織労働者の働く現場には、労働基本権も影が薄く、社会保障さえ適用されない人たちが増えている。組織労働者は社会の中で恵まれた階層とみなされ、厳しい闘いを通じて獲得してきた労働条件さえ『既得権』として攻撃の的となり、それを守るのは特権維持のエゴイズムのように非難される風潮が広がっている」。

これは連合の自己認識であります。

それに対して「社会保障は労働組合の原点」だという項目では、同じようなことの繰り返しが出てきます。

「『助け合い』こそ労働組合の本来の役割である」。

「日本の社会保障の特徴は、『福祉国家』を実現したヨーロッパ諸国のように、労働組合の培ってきた助け合い機能を国の制度として完成することなく、企業と家庭というふたつの民間セクターの働きに補完されてきた点である。このなかで労働組合は、企業内福利厚生の充実にエネルギーを割いてきた」。

「もうひとつの大きな特徴は、生活の基礎である住宅を『社会保障』の外に置いたことである」。これが持家政策とのからみで民も官も組合も、「持家だ」「それ行け」ということで住宅ローンが急成長したわけであります。

ところが、当初、名だたるメガバンクの皆さんは目もくれなかったので、やはり助け合いでやらなきゃしょうがないということで、会社側の福利厚生と組合員の協力を含めて持家政策に乗った。それがいまや労金のメイン商品になっているわけですが、これがものすごいダンピング攻勢を受けておりまして、みずほさんと言わず、あらゆるところがすごいことをやっている。しかも、特権階級とみなされるという自己認識があるぐらいの、わが労働金庫にとっても優良な会員さんのところへ集中的に行って「おたくの社員さんだけは、おたくの市役所の職員さんだけは、いまの金利から0.5%引きますよ」と言ったりしている。

三井住友さんの１%金利の住宅融資というのは全然ウソではない。現実にあるのです。みんなが借りられると思ってやったけれども、特定のところでないとかなり厳しい制約を受けた１%金利なのですが、宣伝されたら「なに、１%？わしも借りるわ」という気になるわけです。そういう攻勢を受けております。

さらに、高齢社会の高齢者介護に典型例をみるように、家庭内介護は限界に来ているわけで、家庭で駄目、企業で駄目、という状況になっているという認識はしております。そこで、社会保障をどうするかということであります。

社会保障の完全適用。パート、臨時、派遣など、いわゆる「非典型雇用」の労働者の多くが、社会保険の適用から除外されていまして、これをどうするのかという問題意識が出てきた。

平等適用と社会化。地方労福協や事業団体などが積極的に支援することは当然であると思います。

自主福祉事業活動の刷新と再活性化。これまで職域に限定されてきた労金・労済などの活動を地域に拡大していくことが重要な課題ということになっています。全労済はこくみん共済で先行されていますが。

連合本部としてはそういう共通認識にあるのですが、問題はそれをどのように具体化するかということでありまして、地域コミュニティの形成が問題です。

5　生活者のサポーターとして

生活者のサポーターとして労金は生き残りたい、あるいはそこで再生をしたいと思っております。「地域コミュニティの形成」のところでは「地域での活動に産業別組織の枠を越えてあらゆる職場からの参加をつくりだすのは地方連合会の組織力であり、この地方連合会の組織力を積極的に支える指導と協力が必要である」と述べています。

さらに、県の段階の下に連合の地協というのがありますが、これは先ほどダンピング攻勢を受けているといった組合が、労働金庫の会員の主要な構成員でもあります。連合の主要な拠点組織でもありますが、このような人たちを軸にして、労働金庫の各店は、ろうきん推進会議、地域の代表者会議を持っており、そこで、業務報告をやったり、支店長がお願いをしたりということでしたけれども、ここを私たちは地域活性というか、お互いの置かれた状況を工夫し合い、塀を越えた労働者の付き合いの仕方、あるいは拠点というものが構成されるのではないかと思っております。

6　労組・ろうきん・ＮＰＯのパートナーシップ

「労組・ろうきん・ＮＰＯののパートナーシップ」ということですが、２月14日、シンポジウムをお茶の水の全電通会館で350人ぐらいの規模で行いました。

関東１都７県ならびに各店の代表者が、九州からも中央労金の域を越えて来まして、役職員ならびに主要な労働組合のメンバー、在京のＮＰＯ団体の皆さんにもご案内を差し上げて、来ていただき、議論をしました。

●ＮＰＯ事業サポートローン

その際、中央ろうきんの山口郁子君が報告をしたレポートのレジュメがあります。

環境の変化として、社会環境、生活・価値観をひっくるめてニーズの変化がある。

労金に求められているものは、公助・自助というところから共助が生まれ、ＮＰＯの認証数が9,329件、2003年中には１万件を超えるであろうという状況の中での新たな役割です。

ただ、ＮＰＯの皆さんにも「資金がない。人材が不足する。組織力が乏しい。社会的地位がない」という問題点があります。彼女は労金の中で一番頑張っておりまして、全国の労金のネットワークを通じてサポート論を立ち上げるまで努力をしています。そのために皆さんのご協力を頂いてきました。

ＮＰＯさんは悩んでおられる。労働組合も労金もいろいろ問題を抱えているけれども、お金は人に貸すだけあるわけでして、人材もけっこういるし、情報もみんなが持っています。60歳定年退職したＯＢが持っているノウハウ、あるいはこれまで苦労して地域でいろいろな組織を立ち上げてこられたノウハウなどをうまく寄せることができれば、なんとかなるのではなかろうかということです。

社会貢献もありますが、2002年度の活動ということでいろいろやってきました。そのうちの一つとして、ＮＰＯ事業サポートローンを始めました。始めてみて、金を貸してほしいというニーズはけっこう沢山あるのですが、労働金庫が人様にお金をお貸しするときには、組合員が持ってきた金でありますので、公的な金という感じで、私どもとしてはお預かりしたお金をいかに有効に、堅実に使うのかという義務があります。そういう意味で厳格な審査をせざるを得ないということなのです。

●審査の基準に大きな壁

この審査が大変でありますが、それ以上に審査の基準になっているのが担保主義・実績主義であります。これをどう突破するのか。ＮＰＯは立ち上げのときの資金がまずないわけで、それにいろいろな役所以上に煩雑な手続きを要請されるということが大きな問題であります。それに、保証のシステムがまだ確立していないわけです。

中小企業信用保証協会がいままでは個人でもＮＰＯを名乗らなければ保証してくれていたのですが、これが法人格を取ったことから、儲けるために金を貸すんだということで「非営利」というＮＰＯは失格になってしまう。儲けてもらうために金を貸し、信用保証をするのであるから、非営利というのはそこで引っかかりがあるわけです。

東京共同保証という東京労金時代からの保証機構があるのですが、これは全部個人に対する融資でありまして、団体保証はありません。生活協同組合や医療生協への団体貸付はやっていますが、これは理事さんの個人保証、連帯保証ですから、保証機構を通っていない融資システムになっているわけです。ＮＰＯが法人格を取ったからＮＰＯへの貸付をやってもいいということでなく、担保がある人か、連帯保証人がきっちり揃っているような人、そういうＮＰＯでないと融資ができないということになっているわけで、ここがかなり深刻な問題であります。

●キーワードは生活資金

もう一つは、労働金庫の側でいいますと、事業資金を貸し付けてはいけないということになっています。そんなことですから、全部生活資金でしかダメなのです。車を買うのか、家を買うのかというところまではいいのですが、商売をするための金を貸してはいけないということになっている。ここが問題であります。

したがって、労金の東京地区本部の中で一番組合員がいるのは東京土建さんです。昔、「大工は１日8,000円以下では働きません」という吊り看板を垂らしていた全建総連、東京土建というところなどは、頑張って組合員を増やし、人数は12万人までいきました。電機連合より多い人数になりましたが、そういう人たちも車や家を買うという生活資金でないと借りてもらえない。車もダンプカーは駄目で、外車の高いものでも、それはマイカーということでいいんです。逆に、軽トラはいけないと言う。事業に資するためのものはノーという話で、そこのところはなんとかならんのかということであります。

それから、いままでずっと労働組合、あるいは生協さんを基軸としたメンバーシップでやってきましたから、会員の合意を得られるのかどうかという問題があります。現にいまでももめている点があります。未組織の人にも労働金庫は貸し出ししていますが、たしかに延滞が多い。不安定な職業に就いておられることもありましょうが、メンバーの中から「何でおれらが出した金でおれらと同じ条件で貸し出しをしなきゃいけないのか。貸すなとは言わないが、滞納率が多いのだから保証料を上げるなり、金利を上げるなりしろ。平等の原則だけでは駄目だ」という意見がけっこう出てくるのです。このあたりも労働金庫会員の中の問題意識、認識の面で、企業内でやってきた余りとしてやってきている部分が問題であるという感じであります。

そういう意味で、保証機構・審査の方法・メンバーの合意といったようなことが、かなり重要なのではないかと思います。

次に、ろうきんＮＰＯ事業サポートローンについての記事の欄外に「員外貸付告示」というのがあります。そこの６番のところに「特定非営利活動促進法(ＮＰＯ法)第２条第２項に規定する特定非営利法人」とありますが、これは本文に説明してあります。

「〈ろうきん〉とＮＰＯとの新しいパートナーシップとは」というところで、員外貸付告示の改正による融資範囲の広がりがあったとしています。そして、それまで福祉しか適用されないと言っていたのが、ＮＰＯの全団体に適用するというところまで進んだのです。せっかくここまで進んだのに、いま申し上げたような事情でなおかつ厳しい状況になっています。

金融の自由化で、頑張りなさいということで自主的な判断ができることになっているのですが、金融庁になり、監督検査はさらに厳しくなっております。したがって、会員の合意を得たとして、金庫内の審査基準が通ったとしても、きっちり返済するメドがどういう根拠で立てられているのかという厳しい金融検査を受けざるを得ません。それに耐えるための法制度を準備しなければならないし、対抗措置を合意しなければならないという課題が存在しております。

そういう意味で、私どもも「自助・公助から共助へ」、あるいは「産別企業内から地域へ」という思いはあるし、家庭・職場・地域というフレーズでいろいろな構想が描かれていて、社会的経済促進プロジェクトさんには敬意は表しますが、そのチャンネルをどのように開こうとするか。いま、いくつか申し上げましたが、われわれ、あるいはわれわれの周辺にある人的・知的資源をどう活用するのか、問われております。

●基盤の変容と推進機構の改革

労働金庫は金はあるし、どんどん預金は集めてこれます。これまでの労金の基盤である労働組合は、安心・安全・健全で高度成長の中にあった。大きな企業と官公庁を主体として労働組合の主たる拠点があったわけですが、そこの土台がいま揺らいでいます。日本で一番成長した電機産業が現在大変な状況で、電機のリストラによって、わが軸になる労働金庫の基盤が揺らいでいる。今度は役所まで手を付けられるということになると、地方公務員の皆さんが電機に次いで大きいわけで、それも揺らぎかねない状況の中でどうするのか。

地域におけるコミュニティをどのようにつくるかという問題です。私たちが誇りにし、貴重な財産だと考えているのは推進機構です。各職場の代表が労金の店単位に集まり、支店長が業務報告をやり、いろいろ御意見を頂くのですが、いまひとつ突込み切れていない。連合系の人も全労連系の人も仲良くはしていただいいているのですが、地域で何かをやろうという協同作業までは出来ていないのです。この推進機構の組み方を変えたい。内輪ではなくて、塀を越えた仲間の寄り合いですから、できればこの間にいくつか問題を出し合っているのですが、うちで言うと、店単位の会員の集まりで地域のＮＰＯさんの皆さんからも問題提起をしていただいて、具体的な論議をしあう。

それから、これはお願いですが、ＮＰＯ融資に対していろいろな制約がありますけれど、突破していくのは、法律をつくったときと同じような運動が背景になければならないと思います。ＮＰＯ団体の皆さんに労金を活用しようという運動を展げていただきたいのです。

うちの職員は、いま、ようやく金融機関として自立しなければいけないと考え、一生懸命金融業を目指しています。昔は、労金の職員は魂を込めて、志で「あんたはええ」とか「あんたはダメ」とか、失礼な物言いまでしてきたとも聞いています。それだけ気概を持っていた職員が多かったのですが、最近はサラリーマン化して、厳密に、官僚以上に官僚的な対応をする者も中にはおります。しかし、一生懸命やってはいるのです。ただ、いまの規定の枠の中で一生懸命やるわけですから、それをどうしたら突破できるのか。

これはやはり会員さんなり、運動されている人たち、あるいはさっきくどくど述べましたような労働者の状況、地域の状況のもとで生まれるニーズを体感しないと、なかなか頭の切り替えというのはできないだろうと思います。そういう意味でのご協力を今後ともいただきたいとお願いするばかりであります。

労金の地域再生に向けた金融のあり方

──「勤労者福祉金融機関」の現代的再生を

柴田武男
（聖学院大学教授）

●なぜ無担保ローンが停滞なのか

【柴田】コメントということですが、まずやりとりとして、労金の概況をご報告いただいたのですが、結局は組織労働者に対する住宅ローンで食っているというのが今の労金の現状なわけです。いわゆる無担保ローン（消費者ローン）の部分が非常に停滞しているというご説明で、大手の消費者金融も成長が鈍化しているということでした。これも成長が鈍化しているという話であって、止まっているわけではありません。今の日本の企業の利益ベスト30などを見ると、だいたい４～５社も消費者ローンの大手が入ってくる。武富士なんていうのは、トヨタには負けますが、経常利益で2,300億円とか、ちょっと信じられないような利益を出しているわけです。そうすると、労金の消費者金融部門はどうして不調なのですか。そのへん、ちょっと教えていただけますか。

【町田】まず、手続きがムジン君ではありません。１週間君でありまして、２日以内を目指しているのですが、大変時間がかかっている。そういう手続きが長くかかる。

もう一つは、組合の管理下にあるわけです。委員長ならいいですが、書記さんなんですよ。ほとんど専従の役員ではないわけで、書記さんに頭を下げて何で借金をしなきゃならないんだという話が多いと思います。

●普通の金融機関になった危機

金融の専門家の立場で言うと、消費者ニーズに合っていないということなわけですね。そういうところが至る所に出てきている。労金というのは、よそから見ていると非常に難しい立場に今ある。これは他の大手の金融機関と違った難しさがあるわけです。どこが難しいかというと、いま労金が危機的な状況にあるというのは、結局、組織労働者が30数％あったのが今は２割を切っており、そこがマーケットになっています。

では、そこで食えないかというと、まだまだ組織労働者は強いし、優良の部分ですから、そこで財形や何かでお金は余るぐらい集まってしまう。住宅ローンを貸していれば、大手と競争はありますが、なんとかそこでそこそこ食っていくということで、組織労働者の掘り起こしという方向で、まだまだ20％にしがみついて生きてゆけるのだということも一つの経営方針として出せるわけです。

同時に、組織労働者は20％でジリ貧ですから、連合も危機感を持っているように、組織労働者自体がいろいろなかたちで労働組合に頼らない。その中でますます労金が労働者との関係を希薄化している。どうもそこのマーケットでは食っていけない。では、ＮＰＯのほうとか、いままで周辺とされていた業務で少しは稼ごうかという話になるのですが、最後のお話にあったように、そのへんは労金としては全くノウハウを持っていない。

ＷＣＢ（女性・市民バンク）は１億円貸してまだお金が足りないと言って、労金に金を借りに行ったら労金が貸してくれない。金融機関のくせに、金があって貸せないというのなんたることだ、というふうにＷＣＢの皆さんは思っていると思います。はっきり言って、これも金融用語で言うと、「融資ノウハウの欠如」の一言に尽きるわけです。

では、労金というのはどういうふうに考えたらいいのかということです。「ろうきんの理念」というふうに町田さんのレジュメにはありましたが、これもびっくりするようなことが書いてある。

その前に綱領というお話があって、私も労金という存在はもちろん知っていましたが、綱領というものを初めて読んだのが20年ぐらい前のことでした。一度読んでみてびっくりしました。その当時の綱領に「階級闘争」という言葉がたしかにありました。労金という金融機関、レーニンで言うと資本主義の最も腐った部分といわれる金融資本の中枢で「階級闘争」という言葉が綱領として出ている。これには唖然とするというか、どういうふうにその衝撃をまとめるかということでびっくりしたことがあります。

さすがに階級闘争路線はいつのまにか引っ込んでしまって、急に綱領ではなくて「理念」になった。何だかよくわかりませんが「ろうきんの理念」というのが出てきて、これを読むと、また素晴らしいですね。２行目の「福祉金融機関」という言葉がなかったら、いったい何の会社だろうかと思ってしまう。２行残して下だけ読んで何をやっている会社か当ててみろと言われると、よくわからない会社だなあというところが出ているわけです。福祉団体だか何だかよくわからないということで、見事に「組合」という言葉が入っていない。ストーンと落っこちている。「市民」という言葉が密輸入して入っているというかたちで、労金の苦悩が見て取れます。名前も平仮名の「ろうきん」としているわけで、労金の立場は大変苦しいわけです。

町田さんは、いろいろ当たってみると、中央労金の中でもＮＰＯ活動に理解のある方だから、柴田が余計なことを言って足を引っ張るようなことがないようにと、なるべくヨイショしたいと思っているのですが、どうヨイショしたらよいか、非常に難しいところがあるわけです（笑)。

労金の歴史が50年あります。労金法が1953年の成立でしたか……。いろいろなところの創立の記録を読むと闘いの連続だと思います。いまの町田さんは愚痴の連続ですが、その当時は闘いの連続で、法律のないところに法律を作ったわけで、そのパワーはいったいどこに行ってしまったのか。組織というのは成熟すると停滞するということの見本で、労金も何兆円という金額になってしまうと、ある意味で逆にパワーをなくしてしまう。小回りが利かなくなってしまって、まさに労金も普通の金融機関になってしまったというようなところが残念です。

昔の議論を見ていると本当に元気が出てくるような感じであります。道なき道をつくるということでしょうか。今は逆に道が整備されているゆえにやりにくいところが出てきてしまうと思ってしまうわけです。

まず、「新たなる創業へ向けて」というシンポジウムだったのですが、「新たなる創業」には、いままでのではもうやっていけないんだという意識が滲んでいます。

その中でまず私が言ったのは、「勤労者福祉金融機関」という言葉を労金はどう受け止めているのかというと、案外無視しているということです。勤労者福祉金融機関というのは、逆に現場では生きていない。これを三井住友とかみずほが言ったら、ちゃんちゃらおかしい、東京三菱があれだけ変額保険でひどい目に遭わせておいて、それで勤労者福祉金融だと言ったらちゃんちゃらおかしいのですが、一応労金は勤労者福祉金融機関と名乗ってそれほど苦情が出ないのです。これは大変ありがたいことなわけで、まだサマになっている。そこで、これを営業ツールに使わない手はないと思うのですが、なかなかそれを営業ツールとしては使っていないふうにしか見えないのです。

例えば、大和系の大手の投資信託がつくったものを一生懸命研修させて、投信の販売だけを手掛けると言うけれども、大手の証券会社がつくった投資信託がはたして労金がターゲットとする勤労者にとって本当にいいものかどうなのか。そういうチェックをきちんとあなたたちはしているのですかと言うと、お任せでつくってきてもらったものをただ売っているだけだと言う。それで勤労者福祉金融機関と言っていいものなのか。もし、本当にやるのだったら、勤労者用の労金がお勧めできるような投資信託をカスタムメードでつくらなければおかしいだろう、というような話になるわけです。

●50周年での鷲尾氏の辛口の提起

では私の台詞が一番辛口かというと、そうではなくて、これはシンポジウムの発言を私が適当にピックアップしてきたものですが、鷲尾悦也さんの発言のほうがもっと厳しい。どこが厳しいのかと言いますと、鷲尾さんは全労済の理事長としてお出になっているわけですが、本当の意味でのグローバル化に対応するプロ集団をいかに育成するかと言っておられる。

町田さんのほうから話がありましたように、労金というのはメンバーシップで、会員制ですからお客さんをあまり選べない。それでは労働組合なり勤労者はどうかというと、勤労者のほうは勝手にいくらでも金融機関が選べる。ですから、選んでもらえる金融機関にならなくてはいけない。そういうプロの金融機関に労金はなっているのかという発言をしているのです。これは私ではありません。最も労金の理解者である鷲尾さんがそういう発言をしているのです。いままではっきり言って殿様商売をやってきた。金融ノウハウにおいても、あまり卓越したものを持っていないというご指摘を鷲尾さんがしているということです。

次に濱本さん、協会の理事長です。この濱本さんというのは、私も一度長いことお話ししたことがあるのですが、学究肌の方で、私などよりも勉強されている。私よりはるかに大学の先生らしいことを言っておられて、社会学者のようにああだこうだと言われる、とても勉強家の方ですが、この中でもびっくりしちゃうようなことを言っておられる。

勤労者福祉金融機関と名乗っているのだから、勤労者のニーズは他の金融機関よりもわれわれが一番よく知っていると思いがちだが、本当にそうかと濱本さん自身が言っているわけです。労金は勤労者のニーズを本当に把握しているのかという点を謙虚に反省していますし、ある意味で核心を衝いているわけです。

勤労者の福祉金融機関は何かといったら、働く人たちの生活を支えるということです。働く人たちの生活を支えるというときに、われわれがいま働いているなかで何を一番不安に感じているかというところをきっちりおさえて対応してくれなくてはいけない。そうすると、われわれがいま一番不安に思っていることは雇用の場なのです。生活の質の改善ではなくて、働き方で大企業をリストラされても、あるいは年金が減額されても、地味ではあるけれどもしっとり暮らせるような暮らしの場を支えてほしいというところが、一番大きなニーズなのです。

●生活資金の新たな分野

ですから、事業資金VS生活資金という話があって、労金はいままでの法的な枠組みでは、生活資金供給金融機関なわけです。だけど、個人タクシーの方は個人事業主という分類になりますけれども、生活資金という名目で個人事業主である個人タクシーの方も労金はメンバーシップの中に入ります。そうしますと、自分で自分を雇うかたちの個人事業主、たとえばＳＯＨＯなどもそうですが、そういう新しいかたちがいろいろなところで出てくる。もうすこし広く言えばワーカーズ・コレクティブなども入ると思うのですが、そういうところに対応できなかったら、本当の意味のいまの勤労者のニーズを支えられないのではないかと思っています。

町田さんはそういう問題意識を持ってやっていますが、では、労金の人たちが組織の中でどう考えているか。いろいろな方とお話しすると、国の政策で失業者が出て、労金の金を使ってそういう人たちをビジネスに就かせようとしている、そんな政府の思惑に乗ってたまるか、とのたまう労金の方もおられる。労働者のために労金があるのでなくて、労金のために労働者がいるかのような発言がまま聞こえてくるわけです。それが組織の成熟ということになるのかもしれませんけれども……。

そういう意味で、本当に勤労者のニーズを労金が把握しているかどうかというところは大きな問題だと思います。そこで出てくるのが次の鷲尾さんの発言なのですが、労金はコミュニティに入っていくべきだという話をどんどんしていかれます。いままでは組織労働者だけで対応していたが、そうではなくてコミュニティの中になるべく入っていかなくてはいけないということなのです。あるいは、ＮＰＯと付き合わなくてはいけないと言われている。

●ＷＣＣとワーコレの先進例

これも仲間うちの研究会で言うと、ＮＰＯが押しかけて労金を変えてくださいというお話なのですが、私に言わせれば、何が問われているかというと、やはり労金の職員一人一人が、普段いったい地域とどのようなお付き合いをしているのか、ＮＰＯと普段どういうお付き合いをしているのかということが問われているわけです。普段何もお付き合いをしていないから、地域のことは全然わからないし、だから、入っていけない。地域活動をそもそもろくにやってこなかった。地域というのは産別の組合だったわけです。ＮＰＯにしてもそうです。労金の職員でどれだけ自分でＮＰＯ活動をきちんとやっている人がいるか。それが問われるのです。

女性市民信用組合（ＷＣＣ）設立準備会では、きちんとＮＰＯ活動、ワーコレ活動をやっている人たちが集まって融資しましょうという話ですから、当然、相手が見えますし、ネットワークも強固なものがあります。それがそもそも労金にないということ自体、いままで何をやってきたんだということになる。そのへんは猛省をしてほしいと思います。

ただ、労金も普通の金融機関になったということで、私いま50歳ですが、ぼくらの世代で労金へ行った連中というのは、まさに階級闘争という綱領にひかれて行って、労働運動、革命運動をやるために金融機関に入るというかたちだった。給料をもらいながら革命運動をやるというのも不思議な話なのですが、そのぐらいの意識をもって労働金庫に入っていった連中で、それがもう50過ぎぐらいになっている。

今の20代、30代は、労金はつぶれそうもないし、安定しているなあ、業績も良さそうだし、ちゃんと給料も出そうだ、もっと付け加えれば転勤もない、そういう大変ありがたい職場だというので労金に入ってくる人がほとんどなんです。ですから、そのへんのギャップというのはすさまじく大きいわけです。

それに加えて合併の問題が入るということで、組織の中がてんやわんやみたいなかたちになっていて、そのへんのジェネレーションギャップを労金自体はどうされているのかということが端から見てて非常に心配です。付き合っている組合の連中ももちろん労働運動の現場の人たちですから、労働運動と言っているし、それに対応する部長クラスの連中も労働組合、労働運動と言っている。それを支える実際に歩き回って窓口に立つ人たちはサラリーマンだということになってしまうんです。

●濱本提言と協同の理念

私が非常に感心したのは濱本さんの意見です。町田さんのほうからも最後にありました信用保証の問題であります。濱本さんはこういうことを言っておられます。

日信協（日本労働者信用基金協会）で保証をして保証料を取っているけれども、従来は一律の保証料率であったのが、代位弁済率、つまり、お金を返さなくなってしまったので信用保証のほうで弁済する代位弁済の率が、組織労働者と未組織労働者ではだいぶ違う。当然、未組織労働者のほうが代位弁済率が高くなるわけで、そこでどうするのかというと、一律の保証料は問題であるというのです。

しかし、協同の理念で、助け合いですから、かなり大きく差をつけるのも問題であるというところの苦悩がある。こういう苦悩が一般の大手金融機関であるかというと、こんなものはないわけです。代位弁済率に応じて保証料率にするというところに何の躊躇もありません。そこに躊躇があるというところ、そして、勤労者金融機関の組織の中でこういう青臭い議論をいまだにやっているということが、ぼくは労金の存在理由だと思うのです。

ただし、結論は気に食わないです。結論は、ぼくに言わせれば、未組織労働者はこれだけ代位弁済率が高いのだから、もっと保証料率を下げてあげようという議論が結論として出てもいいくらいです。それが協同の理念なわけです。ところが、逆に高くするというところで話が終わってしまう。それが金融自由化に乗っているわけで、本来だったら、むしろそういう劣悪な経済的な状態にあるということはわかっているのだし、そういう認識があるのだったら、逆にデフォルト率（代位弁済率）の少ないほうから多めに取って、そういう人たちは少なめにして代位弁済率を下げていくという努力をしなくてはいけない。

金銭的に収入の弱い人の保証料率を上げたらもっと弱くなってしまうわけですから、そういう議論があって、そういう結果が出れば、労金も面白いと思うのですが、さすがにぼくほどいいかげんな人はあまりいないらしく、普通の常識で未組織労働者のほうを若干高くするということであります。

ただ、組織の中で、「いったい協同の理念というのは何なのか」ということが問題になってくる。それから、保証料率２％以上の場合は、収益事業として課税されますが、２％未満のものは法人税が非課税になる。ぼくもこれは初めて知ったのですが、こういう事情があるそうです。ですから、国としても、２％というところで営利事業とそうでないものの基準がこういうかたちで出ているわけで、そういうところは非常に面白いと思うのです。ただし、これはあくまでも税法上の国の基準でありますので、それ以外の基準でいろいろ頑張るということも考えられるのではないかということです。

最後に、５番目で濱本さんが言っているところが私の意見と食い違うところなのです。鷲尾さんや濱本さんはよほどぼくよりも過激な意見を述べておられますが、さすがに責任者であるだけあってしっかり議論をされているなと思って大変感心したのですが、濱本さんはこういうふうに言っています。

最終的に延滞を生じると回収しなくてはいけない。日信協の方が、自分たちは回収が目的ではない、支払いをしなければならない勤労者が自立して回収可能な状態をつくることがわれわれの狙いである、と言うので非常に感心したというわけです。これは労金の面目で、労金だからこそ労働者のことを考えて、回収が目的ではない、返せる状態をつくることが目的なんだ、と言っているというようなことを言ったら、だれかが、それぐらいのことは今の金融機関はみんなやっていると言ったというのです。

そこで、彼は、これは自由市場の論理に対して協同の論理がしぶとく一矢を報いた一幕ではないかというふうにまとめて、これだけ資本主義・自由経済が貫徹している金融の中で、実は協同の論理というものも回収の世界で生きているんだ、というふうにまとめているのですが、これは私に言わせると非常にとんちんかんな結論であると言わざるをえません。

どこがとんちんかんかというと、妙に労金の運動を卑下されているように思うのです。たしかに金融機関は回収できるような状態をつくってやります。取り立てに一遍にかからないで、何とか回収の状態をつくってやる。現象的には同じなんですが、中身は全く違います。今やっている大手金融機関関連の回収サービス班のやっていることは、基本的には最大回収が目的なのです。

今、取り立て行為をどんどんやっていくと、結局は自己破産なり何なりで1,000万円貸しても200〜300万円しか取れない。それだったら500万円に減額して半分の500万円をふんだくったほうがいい。要するに、最大回収が長期的な支払い、回収可能な状態をつくるというところの意味なのです。ところが、労金はそこまであこぎな取り立て行為はさすがにしていません。やはり、回収可能な状態をつくって、その中で返していくという動きをしているのではないかというふうに評価しております。

自由市場の論理に対して協同の論理というのは、中に入り込んでうんぬんじゃなくて、運動の理念などをもって主体的に動かないかぎりありえないわけです。金融の論理と協同の論理というのは、そう簡単には融合しない。金融市場の論理でもって協同の論理が入り込んで、急にみんないい人になって労働者の立場を考えてやるなんていうことはまず考えられない。

ですから、５番目の濱本さんのまとめは勉強しすぎだという感じがして、私としてはちょっと意外なことでした。もうすこし労金自体、そこは大いに評価してほしいということです。

●多重債務分野で活躍を

あと町田さんのほうでも少しふれました多重債務の問題です。これは労多くして効少ない、大変な作業です。まず、多重債務者はウソをつきます。「あなたは破産寸前なのだから正直にしゃべったらいいんだ」と言われても、やはり借金というのはいやなもので、800万借金があると300万借金があります、と言ったり、すみません、実は500万です、いや、本当のこと言うと600万ですと言って、最後の800万円には２～３回しないと到達しない。

そこで、まず信頼関係をつくって、どこにどれだけ借金があるのかということを把握しないと返済のプログラムも作れませんので、そこの信頼関係をつくるのも大変です。つくったあとはある程度簡単で、金融機関に行って、29.2％で消費者ローンを借りているのを、利息制限法の15％にまけさせると、それでほぼ返済のプログラムが出来てしまう。それに８％ぐらい労金でお金を貸し付けてあげれば、それで回ってしまう。今、８％で貸して喜ばれるというのは多重債務者ぐらいのものですから、多重債務者相手に商売をするというのも何かと思うのですが、本人が喜んでいるし、それで回ってしまって返済できてしまうところもありますので、よかれということなんでしょう。

ですから、そういう課題だって出来るのです。では、労金の本部ごとに全部そろって、多重債務者の救済に乗り出していくかというと、静岡労金とか、近畿など、熱心にやっていますけれども、労金全体を見ると見えてこない。こういうところをきちんとやると、さすが労金だ、営利だけを目的にしていないという話になるんですね。そういう見せ方をしてくれないと、ＮＰＯに来てくれと言ったって、どこのＮＰＯも寄り付かないわけです。

最後に鷲尾さんが言っていますが、たしかに労金はいいことをいっぱいやっています。個人相手の無担保ローンが伸びないと言っても、大手銀行系はだいたいカードローンで利息制限法ぎりぎりで12～13％取っています。そういうなかで労金のカードローンは８．３％とか言っている。ですから、金利競争では、無担保のカードローンとしては単なる金融商品だけ見れば競争力はあるのです。それなのに使ってもらえない。

それはやはり組合におんぶにだっこだからだろうと言うと大変失礼ですが、組合を通さないとなかなか労金を利用できないという実態がある。そうすると、借金が組合に全部知られてしまうわけで、スキーに行くのに借金をするといって何で組合の委員長にああだこうだと言われなければならないんだという話になり、労金は面倒臭いやということになってしまうわけです。

そのへんが勤労者ニーズに合っていないというわけで、端から見ているともったいないと思います。労金の強みでもってあれだけ組織労働者で財形で楽にお金が集められても、そのお金が活用できない。預貸率も低い。

そういうところで鷲尾さんのまとめになるわけですが、濱本さんがおっしゃったようなことを国民一般や労働者全体があまり知らないというところに問題があるのではないか。協同の理念をもって頑張っているのだけれども、それが空回りしているというふうな印象を持たざるを得ないということで、これで励ましのエールになったでしょうか。

冷静に労金の役割を付け加えておきますと、協同組織金融機関としての存立基盤をどう擁立していくのかが問われているということがあります。資金提供者と資金使用者がともに金融機関を作っていくという協同組織が金融市場でどう成立するのかということです。協同組織といわれる信用金庫でも利用者たる中小企業と組織主体である金庫とは鋭く対立しがちです。この壁を推進機構を通して労金の理念でどう越えられるのか、それが労金に突きつけられた根本的な課題と感じています。

女性・市民バンクの融資の審査基準

一色節子
（女性・市民信用組合〔ＷＣＣ〕
設立準備会融資審査委員長）

私たちがＷＣＣ（女性市民信用組合設立準備会）を立ち上げたのは、96年の３月、97年の６月、７月というふうに何回か設立の世話人会をやりながらのことで、最初の設立の趣意書というのを作りあげてきました。

「はじめに」は「お金が日本をダメにしようとしています」にはじまって、先ほど町田さんや柴田先生が今の世の中の金融状況をお話しなさっていることと重なります。ただ、この中で、私たちがなぜこういうものを立ち上げたかというところだけはきちんと言っておきたいと思って再確認の意味で用意しました。

［女性・市民からの提案］というところで「私たちは、いつまでも黙っているわけにはいきません」というところから基本的に提案しています。

「生活者・市民を小馬鹿にしたこれら一連の事態は、このまま放置するのか、転換を試みるのか、態度を決めたいのです。」

「私たち女性・市民が納得しあって力を合わせる方法として、お金による相互扶助の仕組みを検討してみました。しかし、この間の情勢からその可能性は、金融に関する法・制度や霞が関（大蔵省）の行政指導によって『普通の人々』の参入をがんじがらめにしばり上げていることが分りました。それでも、私たちは見過ごすことをやめ、市民の、市民による、市民のための『非営利』『自主管理』の金融システムを立ち上げて、その社会化をめざすために、『女性・市民バンク』（ＷＣＢ）の設立を呼びかけます」。

ここが私はかなり重要なポイントだったと思うんです。20年くらい前に、私たちは、ワーカーズ・コレクティブという組織をつくり、もう一つの働き方を実現・実践してきました。ここで、労金の方にお礼を申し上げなければいけないのは、ＷＣＢが出来ない前は、ワーカーズ・コレクティブでも事業を立ち上げよう、お弁当屋さんをやろう、パン屋さんをやろうといったときに、どうしてもお金が足りないときがあり、生活クラブ生協・神奈川の職員の預金を担保にしてお金を貸していただいたことがあります。

ですから、その職員から借りたというかたちにはなるんですが、一応それは労金のほうから借りたわけです。要するに、利用させてもらったということは事実ですから、そこからさらに広がっていくと実はずっと期待していたわけなんですが、それっきりでした。

２件か３件ぐらいあったかと思うのですが、ある種、突破口としてはいいなと思ったのですけれども、そのままの状況になりました。そうしながらもワーカーズ・コレクティブはどんどん広がっていきます。私も一ワーコレを組織していまして、配送ワーカーズ「キャリー」の代表をしていたのですが、そのときにはまだＮＰＯというのがなかったものですから、企業組合という法人格を取って運送業をはじめました。生活クラブ生協から牛乳の配達を受託することになったからです。30台からの車が必要で当初は法人格を取って運送業を立ち上げることも、難しかったのですが、途中で規制緩和となって、運送業が立ち上げられる条件が整ってきていました。自分たちの車を用意するために出資金をかなり集めてはいたのですが、少し足りなかった。そのとき、では一度に買うのではなくてリースでもいいのではないかというので、リース会社に頼みました。

そのとき、はじめて知ったのですが、リース会社というのは、お金を貸してくれるという金融業なんです。一応連帯保証をしてくれるのは生活クラブ生協であるということなのに、結局はリースしてくれませんでした。実績がないとかいろいろありまして、本当にそのときは困りました。仕方なくとにかくできるだけのお金を集めて買ったということがありました。

最初はかなり金利も高かったのですが、たまたまそのときに女性・市民バンクのほうもちょうど立ち上げて１年ぐらい経っていたころだったので、それでは、私たちがせっかく創りあげたものだから、ここから借りようということになりました。

その前にもうひとつ言っておきたいことがあります。一つは断られたということもありますが、ＷＣＢを立ち上げる以前では、足りないお金はどうしたかというと、自分たちで小口債券を発行して、組合員や自分たちの運動に共感してくれる人に債券を買ってもらって、３年なり５年なりで償還していくという方法をとってきました。

その意味では、ある種「善良な」というか、その運動に共感する人たちはかなりいたわけです、お金を用意することは出来たのですが、借りたものは返さなければいけない。やはり、金融機関では借りられないという状況を沢山見てきたものですから、これは自分たちのなかで立ち上げなければいけないというのがこのバンクの発端です。

お金の貸し借りというのは緊張するものですから——当たり前の話ですが、きちんと世の中に、私たちはお金の貸し借りをする機関をつくりますよ、ということを言わなければいけないと思い込んでいるものですから、当時は横浜市の経済局に、どうやったら金融業というのは出来るのだろうかいろいろ尋ねに行きました。しかし、最初からそういうものは相手にされなかった。

ここにいらっしゃる鵜飼さんは元銀行マンですから、金融関係のことで私たちに知恵を授けてもらったりしましたが、たぶん、今、代表をやっている向田映子一人が行ったのでは話にもならない。せめて銀行ＯＢが行けば少しは聞いてくれると思ったのですが、それでもそれ以上は進まないという状況がずっと続いていました。しかし、そのへんは評価されなくてもとにかく立ち上げなければいけないということで、今は向田映子というのが金融業者、街金と同じような状況でやっているということです。

先ほどの町田さんのお話を聞いていると、法人格を取ったほうがいいのか、どうしたらいいのかということで迷うところがいっぱいあるのですが、金の貸し借りは、世の中で命の次に大事かなと思うし条件整備というのは本当はしなければいけないのではないかと思います。それで、国でも余計に予防（保護）もあってなかなか認可しないのだということはわかるのですが、でも実際に始めてみようということになりました。

私たちはワーカーズ・コレクティブを始めるときもそうでしたが、とにかく始めてみようというところからやっていますので、まず、呼び掛け人からつくりまして、１人30万円ずつ100人集まれば3,000万だ、そこから行こう、というふうにしたのですが、なかなかその30万円、100人というのがすぐには集まりません。それでは、私たちみたいにワーカーズ・コレクティブなどの組織を持っているところは30万円で、個人は10万円でというかたちで出資を募りまして、3,000万円がようやく集まりましたので貸すということを始めました。

その実績が「ＷＣＢ融資実績」というところに示してありますが、件数で49件です。私の企業組合ワーコレ・キャリーでは、生活クラブ生協の受託事業と

表－１　ＷＣＢ融資実績

（1998年12月～2003年1月末）（千円）

	分野	事業内容	件数	金額	融資先
団体	高齢者福祉	デイサービス施設立ち上げ資金	3	14,000	(特非)W.Coオリーブ、(特非)W.Co実結、(特非)W.Co笑顔
		移動サービスの車イス対応車購入資金	1	2,000	(特非)W.Co キャリージョイ
		高齢者共同住宅改装基金	1	5,000	(特非)ＭＯＭＯ
		シルバーレストラン改装基金	1	3,000	(特非)W.Coあいあい
		家事介護運転資金	2	13,000	(特非)W.Co想、(特非)W.Coこだま
	保育	保育所の開設資金、改装資金	5	24,000	W.Coさくらんぼ、W.Coくれよん W.Coポピンズ、(特非)ViVi
	食	レストランの立ち上げ資金	1	2,300	W.CoWe
		仕出し事業の立ち上げ資金	2	12,500	(企)W.Coももの木、(企)W.Co花もめん
		菓子製造事業立ち上げ資金	1	10,000	(企)W.Coある
	委託	生協の品物等の配送車両購入資金	4	33,000	(企)ワーコレ・キャリー
	住宅	環境共生住宅建設つなぎ資金	1	5,000	㈱オルタスクエア
	リユース	リサイクルショップ	8	63,000	(特非)W.CoWE21ジャパン（完済3件）
	NPOサポート	経理事務サポート事務所改装資金	1	1,000	経理W.Coあれんじ
	研究機関	運転資金	1	3,000	(特非)参加型システム研究所
	野宿者支援	野宿者生活支援施設改装資金	1	5,000	(特非)神奈川県消費者信用生活サポート
	環境	化学物質過敏症患者療養施設建設地購入資金	1	5,000	(特非)化学物質過敏症支援センター
		（小計）	34	200,800	
個人	リフォーム	自宅リフォーム	1	2,500	※2
	教育ローン	親と子の自立を助ける教育ローン	10	11,200	※3
	生活資金	議員候補予定者応援ローン	4	3,000	※4
		（小計）	15	16,700	
		総計	49	217,500	

※１〈特非〉；特定非営利活動法人　W.Co；ワーカーズ・コレクティブ　（企）；企業組合　㈱;株式会社
※２横浜市戸塚区在住
※３横浜市港北区・都筑区在住（各２件）、旭区、青葉区在住（各１件）、厚木市在住（２件）、大和市在住（１件）、座間市在住（１件）
※４横浜市都筑区・港北区・川崎市宮前区、大和市在住（各１件）

しての配送車両購入資金ということで3,300万円借りているのですが、その他に多いのは、高齢者福祉のためのデイサービス施設立ち上げ資金や、移動サービスです。その他、シルバーレストランの改装資金であったり、保育所の開設資金等であったりします。

保育所開設資金は５件とありますが、このうちの最初のワーコレさくらんぼというところは一番最初に借りてくれたところです。また、最近、最初のが完済したというので、次はさらに事業規模拡大のために借り手になってくれています。そのときは金額も大きくなっているので、出資金の額も増やしています。そして、事業拡大をどんどん進めています。

私たちも3,300万円借りたことで、おかげさまでかなりの事業規模の拡大が出来まして、大体は車を買う資金にさせていただいています。

さて、話は変わりますが、運送業を名乗っていますから、最近の状況の中で人手が足りなくて募集をしますと、男の方の応募がかなりあります。

お金を貸すこともそうなのですが、生活クラブの組合員がワーコレに関わるときには、その人の身分みたいなものはあまり気にしないで全ての人にメンバーになってほしいというところがありますが、一般の広告を出すといろいろな方がいらっしゃるので、私なども、そこではじめて社会の現在の状況を見たり聞いたりすることになるわけです。

そうすると、50代ぐらいの方はリストラに遭って応募されているというケースが多いですし、20代の若者の場合は就職浪人か、何かほかのことをやりながらフリーターをするというかたちになっています。もちろん私たちはアルバイトというかたちではなく、必ずメンバーにはしますが……。それから、非常に気の毒だと思うのは40代の方で、会社が倒産したりした場合の方たちです。そういう方たちを、去年から今年にかけて、男性だけで20人から30人ぐらい採用しました。

先ほどの労金の話に戻りますが、片方でワーコレみたいなところで、雇用ではないですけれども働く場をもう一つつくっているところに、そういうお金というのはどういうふうに回ってくるのだろうかということを、ここへ来て考えるわけです。私たちは自分たちのリスクで金融業も立ち上げ、働き場もつくり、世の中の状況の中である種運の悪い人たちがいれば、その人たちの働く場も提供しているときに、あり余っているお金を何らかのかたちで回していただけるのは全然不思議じゃないと思うんです。

それから、私たちも、お金を貸すということでは、融資の基準をつくり、審査をするということで、自分が審査委員長をやっていて、何て恐ろしいことをしているんだなとは思ってはいます。柴田先生には、助言を頂いたり、支援していただいたりしているのですが、大手の銀行が不良債権をあんなにいっぱい抱えている。金融のプロだと言われている人たちが審査したものがあんなことになっているわけです。それを、町のラーメン屋さんの汁を飲んで「ああ、ここは大丈夫」というかたちで貸すんだよ、という話を聞いたときにはなるほどと思いました。

私も自分が実践しているワーコレですし、審査委員のメンバーは、お弁当屋さんも経験している、パン屋さんや福祉関係のことも経験した人たちが集まって審査をしていますから、みんなそれぞれ自分の実体験で審査の基準が出来ています。

ワーコレという組織に貸すときには、その人たちの知識と経験は非常に素晴らしいものとして役立っています。もう一つ、こういう団体だけでなく、教育ローンとネットの代理人になる人たちの応援ローンもやっていまして、教育ローンについては、組合員、会員の子息に貸したりしますが、そのお母さんはよく知っている仲間であり、ワーコレで働いている人とか、組合員であるとか、本人熟知はかなり出来るわけです。

彼女はこういうワーコレで働いているよとか、組合員でこんなことをしているよとか、かなりプライバシーのところまでいくわけで、それは当たり前のことだと思うのですが、貸すための担保はやはり「人」なんです。その意味で本人熟知はかなり大きいかなということはあります。その人のいままでの活動歴や、どういう考えを持っている人かということはよくわかります。

もう一つ、組合員、会員を介して、その他の方に教育ローンを貸すケースも最近あったのですが、その方は40歳の看護婦さんでした。もう一つ違う資格も取りたいということで、大学院に入り直したいという人でしたが、本人の友達が私たちのよく知っている人なのです。そういう意味では、人の信頼関係でお金を貸すという状況をつくりました。

それから、代理人への応援ローンは、代理人になるために子供を突然預けなければいけない状況になったり、食事をだれかに作ってもらわなければいけなくなったりするみたいなことで、急に費用が発生したりする部分で、50万から100万ぐらいですが、やはり、そこへの応援をしようということで貸しています。

ですから、融資の中身については、ワーコレという働き方の組織ばかりでなく、もうすこし広げた状況の中で活動している人たちへの支援もおこなってきています。

そして、借りた人たちは、自分たちが「借りたら返す」ということを第一優先に考えています。私もそうですが、借りたものは返さなければいけないということは、なにを第一優先に考えるかということにつきます。自分たちの分配金はどうしても最後になります。借りたものはまず返すということ。それから、事業拡大のために借りるわけですから、拡大が進まなければどうしようもないわけで、そのことは優先しますが…。

とにかくお金を借りたら返すということ。それから、事務局では、月末が土日にぶつかるとしたら、その前に必ず連絡をきちんと入れるとか、細かい点まで双方でチェックしあうということをしています。

これはめでたく貸すことが出来た人たちの話なのですが、私たちの審査の中で貸したくない人たちのケースも出てきます。貸したくないということはなくても、ここにこのお金を貸してもこれを始めるのは無理なのではないかというふうに判断した例が二、三あります。

一つは、シルバーレストランをやりたいというところでしたが、先ほど言いましたような理念をもっていたり、目の付けどころはとてもいいし、善意のある人たちがみんなで始めようとするわけだからとてもいいのですが、本当にその場所にそういう人たちが集まるのかどうかということを、その地域の人たちに聞いてみたりしています。

それから、家賃などの固定費が見合っていないほど高いようなケースも、かなりリサーチしたケースもありました。そんなことがあって、それはその程度のことでとても出来るものではないよという情報はだれが持ってくるかというと、その近辺の人たちであったりするわけです。お弁当屋さんをやっている人、パン屋さんをやっている人たちは、原価率とか、固定費率などのこともよくわかっていますから、こういう人たちが審査をして、この話はもうすこし考えたほうがいいのではないかということでお断りしました。

もうひとつは、自己資本が少ないのではないかというケースです。たとえば50人もいるのに、なぜこのお金が出せないのかという判断をすることもあります。たとえば300万というとき、どうしてこのお金が借りたいのでしょうかということを聞きます。皆さんがそれぞれ自己資本を高めているのだったらいいのだけれど、もともと１～２万の出資金でそれ以上のことをしようと思うときの責任というのはどうなんだろうかということを考えるわけです。

そして、融資の申し込みをされた方は、代表と言ってもみんなの合意をちゃんと取っているのだろうか、みんながそのことに納得してこのお金を借りようとしたり、事業を始めようとしているのだろうかというところまで、かなりリサーチします。そして、「もう一度、自己資本率を高めたらどうでしょうか」というコメントを付けて返したりもします。

それがきっかけになって、自分たちの出資金の額を増やし、もう一回、全員の覚悟まで含めて話し合いましたというような報告もあとから聞きました。私たちは、善意の人だからみんなに貸しちゃおうということはしていません。返せる状況がつくれるところでなければ貸さないし、返せる状況をつくるための応援もしていきましょうということは、かなりやっているかなと思います。うちは延滞は一つもありませんということをいつも言っているのですが、融資件数の49件についてはそういうことをやっています。私は専門的なことはわかりませんが、自分たちの実践に則したことでしているだけです。もうひとつ話をしておきたいのは、私もかなりの年齢なものですから、自分の夫や周辺の男の人たちはどんどん定年になっています。退職金をもらったけど、将来が不安で、怖くて使えない、年金までもうちょっと間があるから、何か働きたいが、いったいどうしたらいいんだろうかという声が聞こえてくる。

それで、私は本当はそういう人たちを組織したいとは思っているのですが、それが出来かねているのは、リスク負担をしないからです。たかだか10万、20万のお金をなかなか出さない。

もうひとつつけ加えて申し上げますが、Ｗ．Ｃ．ＣがＮＨＫの『クローズアップ現代』で放映されたものですから、全国から100件以上の問い合わせがありました。出資するという話ばかりでなく、貸してくれという話もありますし、自分たちも真似をしたいがどういう組織かという問い合わせも山のように来ています。そして、出資金は兵庫県からも大阪からも東京からも送ってくださっています。

私たちの組織としては、神奈川に住んでいる人、神奈川に組織のあるところにしか貸せないのですが、出資金は全国どこからでも集められますので、個人の10万の出資をしていただけたら、この仕組みもわかるし、やり方もわかるし、次の展望が見えるのではないかと思います。今日、ここにいる皆様にも是非出資の申込書を送りますので、参加していただいて、私たちの仕組みをご理解していただきたいと思っています。

フォーラム

記念講演

地域社会における共助システムの構築へ

鷲尾悦也

ディスカッション

協同組合勧告やディーセントワーク
——政府・民間・国際機関の見直しへ

堀内光子

官治型社会をつぶす
——寄生虫のたかる構造の打破を

仙谷由人

フォーラム

地域社会における共助システムの構築へ

鷲尾悦也

（全労済理事長）

全労済の理事長の鷲尾です。どちらかというとまだ、連合会長のイメージが強いらしく、理事長と言われるより「会長」と呼ばれる方がたくさんいて、大変弱っています。勤労者福祉の側で仕事をしているつもりですが、やはり発言をすると、労働運動の側の発言が多いようです。今日は、最初に話をさせていただけるというのは大変光栄だと思っております。

お手元に「地域社会における共助システムの構築」というレジュメを提起しておりますが、その前に、これまでのプロジェクトの講演の「NEWS LETTER」をいただいて、私自身が勉強になりました。

また、事務局から各論者の図表をまとめた「新しい〈公共〉創出にむけて」は一目でこれからの社会イメージがわかるものでした。こういうお話をいかに実践していくか、皆さん方も御苦労されていることがひしひしと伝わってきます。今の立場上、私自身が中心になってやっていくというわけにはいかないわけですが、大変重要な問題ですので、できる限り様々な議論に参画し、推進させていただければ大変嬉しく思います。

30分の短い時間ですので、様々な側面から話をするわけにはいきませんが、何よりも「地域社会における共助システムの構築」と書いておりますが、わが国が第二次世界大戦後50年経って、日本の勤労者、生活者を取り巻く環境条件がある節目の年を迎えて大きく変化をしてきている。言わばこれまで日本が作り上げてきた日本型システムというのが大きく崩れ去ってきているだろうということは、皆さん方も個別の仕事なり、運動の中で、多少ニュアンスは違っても共通に抱えている課題ではないかと思っているわけです。反米的な言い方をしますと、イラク戦争を見ましても、米英型の資本主義が持っている構造というものがそこに表れていたのではないかと思います。

外部環境の変化をあげれば一つは国際化ですし、その中における日本の社会システム、経済システムをどういうふうに考えていくかということが問われているわけで、最近のイラク戦争の状況など2時間くらいかけて話したくなってしまいます。

日本経済の問題から言うと、今のデフレ不況をどう考えていくか、ということについても十分に議論したいと考えています。また民主党の仙谷議員とあとで議論をさせていただくと思いますが、小泉内閣の経済政策。私は今の立場上、許認可を受けているのであまりそういうことは言ってはいけないのですが、お仲間ですから敢えて言いますけど、小泉内閣が施行している古典的な経済対策について、私は大変問題があると考えています。

バブル崩壊後の長期デフレを脱却できていない。これは勤労者、生活者の生活に大変大きな圧迫になっている。現在の金融問題についても生活者は自らの身を守るということで、本来であればもう少し投資が活発化しなければいけないはずにもかかわらず、貯蓄率がますます高くなるという状況になっています。

また、高齢化少子化問題も待ったなしの状況で、社会保障制度の崩壊というのも大きな課題になっています。これらについて大議論を展開したいところではありますが、問題提起としては現在の生活者を取り巻く状況が、そのような状況になっているということだけを指摘するに留めさせていただきます。

こうした生活環境条件を考えた場合に、私たちが今後どう生活システムを構築していくかということが大変重要ではないかと思います。

「現代日本の社会システム」についてですが、第二次世界大戦後、資本主義対社会主義、こうした理論的な対立とソ連邦の解体から見られるように、現代経済学の方々が言うように、資本主義が勝利をおさめて、資本主義の理論に基づく純粋資本主義を施行していくことが小泉内閣の基調になっているわけです。

これまでささやかながら築き上げた、社会的共同という概念に基づく社会システムということについて、ある時マルクスとケインズが「理想の国はどこか」と地球を眺めたら、ふたりとも日本を指したというようなジョークがありますが、これまでの日本の50年の歩みを考えた場合に、メカニズムが有効的に働いたモデル的な国のシステム作りだったのもたしかなのではないかと思います。

確かに社会主義体制は崩壊したわけです。だからといって純粋資本主義の理論が勝って、こうした理論でもって、今後古典的な経済学の考え方で進めていくことが本当に日本人の生活を、精神的なものも含めて豊かにしてくれるのかというところには皆様方も同様に疑問を感じておられると思います。私も感じています。

その意味で、今日のタイトルにあります「共助システムの構築」は、端的な言い方をしますと、今の日本の政治が行おうとしていることは、公助と自助の狭間の中で、公助というシステムが動かなくなってきているから、すべて自助でやれということではないかと思います。

規制緩和の問題を例にとってみれば、「全ての規制は悪である」という考え方。こういう古典的経済学が正しいという物の見方自体、見直さなくてはいけない。と同時に、ここにお集りの皆さま方は、多少のニュアンスの違いこそあれ、こういった認識について共通できると思います。これをどういうふうに運動に展開していくか、そして政治や経済を牛耳っている方々に、そのことを理解していただけるかということが問題であり、そうしたことを一般の方々に、あるいは理論的に、あるいは実践的にも、どのようにお互い理解しながら自分達のシステムを作るのかということが、私たちに与えられている課題ではないのかと思います。

今日お集りの皆さまそれぞれの立場でそうした問題意識を持ちながら、システム作りなり、実践活動での御苦労をされている方々でしょう。こうした点について、さらに「問題は自分達の内なるもの」で理論化するのも必要だとは思いますが、社会的な位置付けを明確にした上で、立法や行政に打ち込んでいくということが課題ではないかと、私は考えています。

そうした意味合いで、「私たちが目指す社会システムは何か」ということです。まず戦後すぐに資本主義対社会主義の対立がありました。

たが、これはあたかも日本型の社会主義というようなものが、ある程度無限

化されて描かれていたということです。それが第二次世界大戦後の日本経済社会の運営システムを形作っていたということは、プラスの評価もマイナスの評価も含めて冷静に分析してみる必要があると思います。確かに特殊な日本的問題ではありますが、国際的な比較を見ても特徴のある進め方でした。しかしこのことは維持できないということも明確であります。自己反省的に言いますと、「労働運動、生活協同組合など未成熟な共助システム」と書きましたように、これまでは本来の意味の労働運動なり生活協同組合などのシステムとして成熟していたかというと、私は未成熟であったと思います。言わば日本型のシステムがだいたい作業だけをしていて、そのことによって本来の役割を日本社会の中に機能させ得なかったという部分があるのではないかと考えているところです。もう一度労働運動の側も生協の側も自己反省的に考えていく必要があるのではないかと思っています。逆に言いますと、であるからこそ、そのことが市場原理主義というところに復帰していると見て良いのではないかと思います。

このことから見ても、現代日本の社会システム自体を総括するということが非常に重要になってきています。そこで問題は何かと言いますと、「共助、共同社会の原理」でして、社会的共通資本というものをどのように考えていくかということです。これは今日は充分にお話は出来ませんが、様々な論文や書物も出ています。現在私たちの周りでは何となく書店に行っても、市場原理主義を中心とした竹中平蔵大臣をはじめとするグループの方々の書物がたくさん出ているわけですが、それとは別の立場の方々の本も沢山でています。例えば東大の神野直彦先生や千葉大の広井良典先生などが書物で提起している社会システム、いわば財政の制約から現在、公的な社会福祉や社会保障の削減を私的保険や貯蓄へ移転させるという傾向の中で、あらためて自主的な助け合い運動、いわゆる共助の価値の意味というものを提起しているような出版物が目立ってきています。私がそういうところへ目がいってしまうのかもしれませんが、こうした方々の「共助のシステムが動くような社会システムが必要なのではないか」という問題提起は大変心強いことです。

こうした理論的問題提起に基づいて今日お集りの皆さまのように実践活動をするということが、いままでの運動の垣根をこえて生まれてきた。共助の世界でお互いに助け合いの精神で、またお互いに人間愛を前提として社会システムを構築していくということについての、理論的な提起もかなりされてきているのではないかと思います。これは心強いことですし、ワーカーズ・コレクティブの研究会における社会的経済というような問題提起。ワーカーズを中心とした社会のシステム作りという運動を行うということも大切な一つです。行政とマーケットの間に生きている市民や勤労者自らが助け合いのシステムを作る、いわば公共権の創出ということが必要になってくるのではないかと思っています。これは社会的共通資本をどのように構築していくかということを私たち自らが手掛けていくということにつながることであり、このこと自体が市民運動と結びつきながら、それぞれが持っている範囲の中で社会的公共資本での公共権というものを作り上げていくというシステム作りがこれからは大変重要なのではないかと思います。

「共助・共同社会の再構築」によって市場原理主義の台頭を押さえていき、自分達が安心した社会つくりを行っていく。考え方の基調としては何よりも共助・共同社会の原理を共通認識しておかなければいけないし、協同的動機に基づく共同経済組織を作るということが非常に重要なポイントになると思っています。

岩波新書の『社会的共通資本』という宇沢公文先生の書物でも、こうした問題について書かれていて、例えば社会経済学という立場から言って、フランスでは共感に基づいて自発的に協力する共同社会というものが提言されています。

ドイツでは協同的動機に基づく共同経済社会を機能させるために、自由意志的結合による自由共同経済と権力体によって強制的に結合される強制共同経済に分離し、協同組合のようなボランタリーセクターと、財政の役割という分野がお互いにシェアしていくことが重要なんだと言われているようです。

こうした問題提起をベースにしながら皆さん方が取り組んでいるワーカーズ・コレクティブの可能性を開くために、法律をつくらなければいけないという運動もその一つではないかと思います。東京大学の神野先生は『人間回復の経済学』の中で財政社会学というものを経済学と財政学を融合さて作り上げていくべきだと提起されています。

それでは「共助・共同社会をどのように再構築していくか」そしてそれぞれが担っている分野を実践活動としてトータルなシステムとして結合させていくためにはどのような運動を展開していくかということが実際求められているのではないかと思います。今、日本の社会において一番欠けているのは、そうした個別のグループがそれぞれ個別に動いていて、全体としてトータルの運動になっていないということではないかと思います。こうしたことを考えていくことが、今の一番大きな課題ではないかと思います。

かつて昭和30年代、40年代においては社会運動の代表選手は労働運動だったと思われていた時代だった。また生協運動というものもその後急激に発展してきたように、生活協同組合だけが協同組合運動だと言われた時代もあった。こうした現実をどのように融和させ、総合させ、言わば共助に基づく社会システムをつくるかという理論的な柱をしっかりとつくった上で、お互いがお互いの立場で連帯して活動していくことが今一番大きく求められているのではないかと思います。自分の反省も含めて思います。その為には何よりも基本的なキーワードというのは「持続可能な福祉国家、福祉社会の構築」ということで、ＧＮＰの成長率がゼロであっても自分達が参画をし、物事を作り上げていく社会を構築していくことは十分可能だと思います。

ちょっと理想主義的すぎるかも知れませんが、信じて活動することが大事だと思います。同時にボランタリーなコミュニティーづくりというのは、私が言うまでもなく皆さま方が実践を通じて必要性を痛感していると思いますが、どのように作り上げていくかということをトータルなシステムの中につくっていく。コミュニティーづくりについては、やや世間の全体と隔絶した形で進められるケースがよくあります。企業にもそういうことをきちんと認識させることが大事で、トータルシステムの中にどのように位置付けていくかということが大事なことですから、企業がすべて悪であるという考え方ではいけないと思います。例えば労働のあり方でも、80才時代を迎えた時にどのような働き方があるかということで、もう少しフリーな、流動性のある労働を考えるのは当然だと思います。

このことを考えていく場合でも、今あるシステムを一方的に批判するのではなく、いかにして取り込んでいくかということが大事で、この取込み方について共感をもたらすような提言をしていかなければいけない。

同時に「新しい公共性」というものを考えていくことが重要です。公共性の概念というのは一言ではいいにくい問題で、日本では官がそこを独占してきましたから、「何が公共性なのか」ということについてあらためて議論する必要があります。

日本的な流れで話しましたが、これをグローバルな立場でどう考えていくかということでも別の課題があると思います。グローバルな立場でもう一度見直す。日本が先進国の仲間入りをしてＧＮＰがある程度ここまできたという社会の仕組み作りと、途上国のこれから社会を構築していく国々の国のあり方をどう考えていくか。同時にグローバルな立場から見た日本、欧米、北欧、とりわけ米英やヨーロッパ型の社会システムの中で、お互いがどのように共同していくかについても重要な課題です。文明の衝突に影響されすぎてはいけないのですが、イラク戦争のテレビを見る度に、文明の衝突というのは基本的な社会システムづくりに、経済のお互いの交流について相当大きな影響があるんだと感じています。

今日はグローバルな部分についてお話できませんでしたけれども、それ以外の問題について私が考えていることを申し上げて、私の役割を終わらせていただきたいと思います。

ディスカッション

協同組合勧告やディーセントワーク
——政府・民間・国際機関の見直しへ

堀内光子

（ILO〔国際労働機構〕
駐日代表）

私たちのＩＬＯは国連よりも古くて国連の親にあたります国際連盟時代にできた機関です。国際連盟と一緒に第一次世界大戦後のベルサイユ条約で設立された機関です。

通常、機関ができると憲章というのがあるのですが、ベルサイユ条約の中に「労働」という編がありまして、それをしばらく憲章代わりに使っていて、憲章が後からできたという珍しい機関で、つい最近までは“前世紀の遺物”などと批判もされた機関ですが、このところ新しい変革の時代に向けての再生が図られています。

いま鷲尾さんがグローバルの観点をいい残したと言われたので、私はその点を申し上げたいと思います。

鷲尾さんが変革とおっしゃっていましたが、今グローバル下で大変革の時代です。なぜ世界的に大変革なのかと言いますと、一つには冷戦構造の崩壊が大きい。これは政治的に非常に大きなインパクトを与え、冷戦構造の崩壊したことによって、旧中央計画経済下の国家の役割が強大すぎていたのではないかという反省があります。国連の役割というのも冷戦構造の崩壊と共に変化をしています。今度のイラク戦争も国連無力と言われていますが、15年前に私が国連職員だった頃には無力どころか、安保理常任理事国の米ソ二大対立の下でもともと機能しないのだと思われていましたので、それに比べると少し認識されてきたかという感じがします。そういう意味でも冷戦構造は国連組織にも極めて大きな影響を与えていました。

もう一点は経済の大きな変化。グローバル経済の進展、特に情報技術の発達で大きな問題は、鷲尾さんが指摘されたように企業の役割の重要性、特に多国籍企業が大きなアクターとしてでてきている。例えば多国籍企業の大どころの総売上高は中小国のＧＤＰ並みという大きな規模になっている。国連の方も従来はＮＧＯが協議的機関と位置づけていたのですが、最近ではプライベートセクターの役割の重要性を意識して事業を進めています。世界的に見ても変革は非常に大きくて、それぞれの構造の中でアクターの役割を見直しているというのが実状です。したがってこの大変革の時代に、残念ながら地球的にすべてが変革への対応に遅れていると言わざるを得ないと思います。

パクアティー（コロンビア大学経済学教授）も「大変革の時代に調整の遅れが大きい」と指摘していますので、何点か調整の問題を申しますと、まず第一点は政府、民間それぞれの役割の見直しだと思います。

例えば、従来は協同組合は開発途上国だけを目指していたのですが、その協同組合で政府の役割を過大評価しすぎていて、政府が介入をしすぎていたのではないかとの反省から、民間自治を確認した新しいＩＬＯ勧告が作られましたが、そういう意味で、政府、民間、そして国際機関も含めそれぞれのアクターの役割を見直していくのが大きな課題であり、その中で浮上しているのは民間の役割の重要性です。

これがなぜ起きたかというと、今まで政府を通じて開発を行っていたために、実は開発の目標を見失っていた。90年代に入って「人間開発」に焦点が当たり、開発の最終目標は人々の生活改善の幸せにある。そうすると人々がエンパワーメントする、ここをいかに充実していくかということが大きくなっています。

二点目は国際機関の見直しだと思います。グローバルで物事が動いているときに一国だけではできない問題がある。そういう意味では、国際機関の役割というのが一つの大きな課題だろうと思います。

三点目は政策目標ですが、社会問題が重要だ、認識としては人々の開発が中心だといわれますけれど、実は考え方の根底には経済成長さえすれば反射的利益としてビジネスの機会が増え、その結果雇用も増え、労働、生活条件が上昇するという像を描いていたといえる。しかしながら実は雇用政策というのは経済の反射的なものではなくて、一緒に進めていく必要がある。最も重要なことはその経済政策の中にいかに平等政策、所得分配の均等政策を統合していくかということです。

ＩＬＯで１年ほど前にグローバル雇用アジェンダという会議を行ったときにスティグリッツ（ノーベル経済学賞受賞学者）が来て、「開発途上国の雇用を増やすための利点は、農業生産物や第一次産品であるのになぜ先進国が貿易障害を設けているのか。雇用社会制度を考えるにあたってマクロ経済政策にも踏み込んだ考え方をしなければいけない。」と語りました。

一方でご存じかも知れませんが、ＩＭＦ（国際通貨基金）は現在「貧困撲滅戦略ペーパー（ＰＲＳＰ）」を進めています。世界銀行も貧困戦略を最大課題に打ってでています。したがって現在国際の場では経済の方から社会政策を入れる。そして社会政策を担当しているＩＬＯの場からは経済政策の方を見ていくということで、鷲尾さんが「統合された見方」と言われてましたが、まさにそういう流れになってきています。

そこで一言鷲尾さんにコメントしたいことは、日本の社会が上手くいっていたという評価についてです。日本の社会は企業中心に発展してきた。が、そこで何が抜けていたかというと、企業の中では最大限貢献できない人間は排除されてきていた。その典型は女性ではないかと私は思います。

日本の女性の労働力率は低くはないのですが、管理、監督者層は９パーセントしかいないのです。この数字というのは残念ながら、もっとも女性の社会進出が遅れている、伝統的な価値観が多くみられる北アフリカや南アジアと同じ位の割合しかいない。ということは日本は企業文化に耐えられないものは排除していた。あまりにも組織を中心とした動き方をしていたのではないかと思います。そういう意味で、組織を中心にした動きから、人々がつくっていく組織へと動くのが世界的な流れの中の日本の課題なのではないか。

われわれ雇用問題をやっている機関にとって大変問題だと思っているのが、労働市場の柔軟化です。雇用は、インフォーマルと呼ばれている組織化は難しいと思われるところで増えている。そういう中でＩＬＯが目標にしていますディーセントワーク（人間らしいしごと）、まず仕事があること。その仕事がまともな質を備えた仕事であること。これは働く人々の権利、人権もきちんと確保されたもの。社会保護もでき、対話もできている仕事。そういった仕事をこれからつくる為に、特にインフォーマル経済を考えますと、労働組合の組織化を期待することもありますが、それに立ち向かうための市民の力というものが必要な時代になったのではないかと私は思います。

世界的には、労働者協同組合や社会的協同組合の運動が大きくなってきていますが、労働組合と協同組合の共同の事業も進みつつあり、それぞれのアクターがそれぞれの利点を生かしながらいかにうまく目的に向かって協力していくのかというのが課題で、鷲尾さんが最後におっしゃいました「共生というのが大変重要だ」ということです。

もう一つ申し上げたいのは、この共生ということを考えるときに国際機関との協力というのも考えていただいて、これから先グローバルな連携をしていく事が必要ではないかと思います。

やはりイラク問題を見るにつけても、基本的に重要なことは人々が仕事をしなければ生活ができないという原点を見据えることが重要なのではないかと思うのです。

今まで二つの世界大戦の節目にＩＬＯが登場しています。例えば第一次世界大戦後のベルサイユ条約で私たちの機関ができ、第二次世界大戦の終戦間際に私たちの憲章の中に入ったフィラデルフィア宣言ができ、それが国連憲章の礎になりました。ですから仕事を通じた共生というものが平和に対して基本的な礎になっているといえます。

官治型社会をつぶす
――寄生虫のたかる構造の打破を

仙谷由人
(衆議院議員・民主党
経済財政ネクスト大臣)

鷲尾さんがおっしゃっていました宇沢公文先生の「社会的共通資本」論を、政治家の中でもっとも早く言い出して、今でもそれにもとづいて政策判断をしているつもりの人間ですが、なぜか党内、連合界隈では「あいつは新自由主義者である。けしからん」という議論がなされているようで、(笑) 評判は良くないのですが、それでも民主党なり我々が取りうる立場というのは「こんな社会主義的なことはやってはいけない」と言い続けなければならないと思っています。日本はまだまだ公益法人が、実は「官益法人」であり、あまりにもわけの分からない規制に守られ、税金を食っている。たとえば、農協の話で最大の問題は補助金です。国と市町村からどのくらい補助金がでているのか。あるいは農村社会に出される補助金の裁量権を行使するのに農協がどのくらい絡んでいるのか。そこでおいしい汁を吸っているのかどうか、せっかくの協同組合、本来ＮＰＯであるべき公益法人としての活動を毒して汚して妨げているのは、全部官との関係です。そのまん中に我々の大事な税金が絡んでいるというのが絶対的な問題だと思います。

先日おもしろい話を聞きました。経団連が日経連と合同して日本経団連となりましたが、そこの方と昼食をたべていましたら「仙谷さん、私は日経連にあんなに補助金があるとは知らなかった。経団連というのはそもそもいっさい補助金をもらわないで、会員企業の拠出で全部やってきていたが、日経連というところは妙な補助金がいっぱいありましてね。」と言うんです。これはおそらく労働省時代からの補助金です。この補助金はたぶん労働者の再就職、労働市場政策、にあてられるべきものです。今もっと深刻なのは15才から30才くらいまでの青年の人たちでしょう。青年無業と言われる世界の再訓練、再教育の問題です。

この10年、労働市場政策としての労働者の再教育、再訓練というのは完全に日本が立ち後れました。全くありません。考えてみればこれを労働省や都道府県に依存することが間違っていたのかな、と最近思います。もっと考えれば、先進国では「厚生労働省」という枠組みで労働政策をやっているところなどほとんどないと思います。たぶん「教育雇用省」あるいは「産業労働省」のほうが多いのではないでしょうか。労働省が大河内社会政策から一歩も外へ出ていないのです。隅谷労働経済学まで来ていない。もっと先の世界へ行かなければいけない。つまり官、都道府県、労働組合の役割というのをもう一度洗い直して、人と資金の配分を考え直さないと、今のまま喜んでいるのは役人とそれに関わる業界人だけです。これが日本の大問題だと思います。

そのことで今日本が直面している最大の問題は三つあると思います。中央集権的な資源配分構造を小泉さんですら直そうとしないし、直せない。金融の世界でもメガバンクをいかに潰さないかという政策はあるけれど、潰してでもいいから、お金を貸す機能を金融機関に取り戻させるかという政策は一切ありません。国債を買うしか能がなくなっている。

神奈川ネットの方々が、私に「ＮＰＯにお金を貸せるような信用組合をつくりたい。」とおっしゃったので、金融庁を呼んで許可するように言ったのですが、「１億円や２億円しか資本や預金が集まらない金融機関は許可できません」と。信用組合は戦後ほとんど許可したことがないのです。「大きいことはいいことだ」「大きくなければ金融業は許可できない」という観点が今や日本の最大の問題だと思います。しかし彼等がリスクをとれない時代が遂に来たと思っています。金融業というのは人からお金を預かって利息をつけて返さなければいけない。そのためには投資運用していかなければならないのに、そんな危ないことはできないという話になってきてしまった。だから損する覚悟で直接金融になって、ゴルフ場に投資した人など、ほとんどの方が大損しています。こういうのがバブル崩壊の時代。

もう一つは、国家のこの700兆円の財政破綻というのは大変なことです。私も考えると夜も眠れなくなってしまうのですが、たった一つの脱出口は神野直彦さんや金子勝さんが言っているように、棚上げの基金にして、あとは地方には自分の所で税金をとれる世界をつくるしかない。憲法改正してでも課税自主権を完全に与えるという分権改革をする他に解決策はない。こういうことまで考えないとこの財政破綻の行く末は、金利負担に耐えかねて必要なサービスを配分できないということですが、そういう時代が確実に10年後には来ます。分権ができないからみんな東京に集まる。それが最大の問題です。

もう一つは労働市場政策がないということの裏側。先進国はどこも悩んでいると思います。ポスト工業化時代・脱工業社会時代に先進国の人間が何をして飯を食っていくのかと。つまり基本的に製造業の拠点を日本でしたら中国に移さざるを得ない。当然の事ながら空洞化という現象が起こっています。ここを埋めることこそ政治の力、政策の力でなければ意味がないと思います。

職業訓練をやっている公的機関の腐っていること。ハローワークの腐り方はひどい。つまり役に立っていないということです。こんなものがすごい予算を使っていてどうするんですか。そして「小田原スパウザ」「中野サンプラザ」「雇用能力開発機構」その下にぶら下がる公益法人。

産業構造がサービス化しているわけです。日本は94年に製造業とサービス業の従業員数がクロスしました。今はこんなにX字になっています。そういう時代に対応するような労働者の再教育、再訓練などについて、労働省は何をしてきたのか。文部省と労働省がばらばらで、通産省は今日の時点の企業内研修を企業が「もうできない」と言い出す時点まで何をしてきたのか。

一昨年、内閣で産業構造改革緊急雇用対策本部というものができたのに、一年間何もしなかった。毎年作ってもほとんど何もしない。ここにメスを入れない限りどうにもならないと思います。

サービス化をせざるを得ない先進国が何に重点を置かなければならないのかということが、分かっていない。私は今にしてようやく、今評判の悪いブレアが選挙に出たときに「教育、教育」と言った意味がよく分かります。神野さんの本を拝見してもイギリスではこういうことだったんだと。最近ショックだったのが宮本みち子さんという千葉大学の教授が「若者が社会的弱者になった」

と書いているのです。それはそういう気の付きかたをしてきたのと、社会構造の変動でそうなってきたということ。ヨーロッパでは青年政策というのがあるのですが、日本では「何を言っているのか」と言われてしまいますが、５年か10年、取りかかるのに遅れてしまった。

もう一つ。日本ほどこの10年間、女性の社会的位置付けをできなかった国はないと思います。国連の統計で、女性の管理職が多ければ多いほど出生率が高いのです。日本の出生率が低いとか、年金ももらえなくなるかもとか、そういう議論は盛んですけど、子どもを多くしなければ後は移民あるのみですが、移民についても在日の一人でもアジア系民族学校だけは大学受験資格を与えないという政策を平気で今頃出すという感覚。こういう体質がいまだに残っている国では女性の優秀な労働力を使えない。これは労働組合もそうですよね。公立学校の教師くらいしか女性を使えていない。この構造が、いまの日本の停滞と閉塞の最大のガンだと思っています。

実際に市民が自ら担う〈公共〉と仕事づくりを始めている方もいらっしゃるので、そういう活動に少しでもお役に立てるならやぶさかではありません。日本は一国的な福祉国家がもう持続可能ではなくなる。そうすると地域で福祉社会をどうつくるかが課題になっているという時代においては、非常に重要な世界で、ついに日本人がコーポレートバリュー「大きい会社ほどいいことだ」というところから、ヒューマンバリュー「人間の生き方に価値があるのだ」ということにかえっていく必要がここにあるのだろうと思います。

ただグローバルな市場経済が覆っているので、そこことどうやって関係を整理していくのか。なかなか悩ましい問題ですがこういう試みは日本には特に重要です。しかしその前提条件が、先程の寄生虫のような連中と構造をたたき壊さない限りできない。その日本の構造を早く壊すことの方が我々にとっては重要なのではないかと言う気がしています。

――補足して――

【鷲尾】かつての仕事の労働組合の話からしますと、言い訳をするわけではありませんが、労働組合の会長をやっていたときも機能の役割についてずいぶん大胆な方針を出したのですが、現場の組合が動かないんですね。それから従来の長期雇用型ではない方は労働組合の方がいいかどうかという問題があります。

しかし私はこれからの労働組合の機能はローカルユニオンにならなくてはいけないと思います。ローカルユニオン、クラフトユニオン、企業組合もあって良いと思う。そういう組み合わせでいかなくてはいけないということを、6、7年前から言い続けているのですが、具体的についていかない。社会構造として問題だと思います。

【堀内】私も一つだけきちんと言わなかったことを。やはり一番重要なのはエンプロイアビリティという人々が能力を発揮して、生涯にわたって働き続けられること。これはいろいろな問題をもっていて、仙谷さんの言っていた公共政策がどこまでできるか。労働市場を見ていないのでほとんど合致しない職業訓練を行っている。今「学校から仕事へ」というのが青年も含めて重要になっていますし、エンプロイアビリティという雇用され続けるときにあたっての政策は必ずしも公共政策だけでは充分にできないと言うことが一点と、ハローワークの問題がでましたけど、ＩＬＯにも責任があります。長い歴史がありまして、職業紹介というのは昔仲介業者というのがいまして、そこが搾取していたので、ＩＬＯは90年代になるまで世界的に民間の職業紹介の合意が取れなかったんです。90年代に入ってやはり民間も認めざるを得ないということで90年代後半でＩＬＯが条約改正をやったところです。

そういう意味ではまさに公共政策、民間の役割は非常に動いてきて、民間の力の見直しというのが世界的にも出て、今その世界が動いている。そういう意味でもエンプロイアビリティというのはぜひ今後の課題として一つだけ申し上げておきたいと思っています。

【仙谷】この問題を地域地方からやらなければならないということが最大の問題だと思っています。その中でとりわけ労働組合がもう少し地域で力を発揮してもらいたい。徳島県にも職業訓練校というのがあります。ここでやっているのはまだトンカチの世界です。ここを卒業してもほとんど役に立ちません。カリキュラムを変えようとしても、変えられません。教師を替えられない以上カリキュラムは変わらない。徳島県職員労働組合の人を首を切るわけにはいかないので、教師は替えられない。

もう一つは、カリキュラムは全て労働省の通達の中で補助金で縛られています。ですからこの通達と関係無しにできるのは補助金をもらっていない東京都だけです。これをどうやって変えるのか。やはり地方の中でものを言う、潰れかかった短大を引っ張り込む、県知事を替える、気の利いた経営団体を引っ張り込むなど、地域の中で運動をしていかないと、どうにもならない。エンプ イアビリティを地域から、地方から。特に各製造業が生産過程を移したことによって空洞化と過疎がひしひしと感じられるのは地域なので、何とかしなければならない。その為には原点にかえって人作りについての社会的経済等に相応しいテーマをやっていくということも大きなポイントだとあらためて思いました。

おわりに

柏井宏之（「社会的経済」促進プロジェクト事務局）

市民セクター政策機構、参加型システム研究所、市民がつくる政策調査会の３団体により、「社会的経済促進プロジェクト」を設置（期限２か年）したのは、2002年の早春だった。

不況・失業の暗い世相の中、小泉構造改革は、市場一辺倒の規制緩和をあいかわらず繰り返すだけで、地域経済をいたずらに疲弊させていた。失業率は5.4％に達し、中でも若者の失業率は際立って高くなっていた。与野党の経済政策についても不透明であった。

ポストフォーディズムの時代がきて数十年、アメリカではＮＰＯ、なかんずくヨーロッパでは社会的経済や連帯経済などの「市民・協同セクター」の形成によって新しい事業分野が切り開かれ、市場の弱肉強食・グロバリーゼーションの流れとは異なる領域で市民が非営利・公共をつくりだし、地域経済を支えている。それと際立って今なお〈お上〉が差配する対象的な日本の現状をどう打破していくのか。そのためには日本的な土壌を踏まえてまずは公開的な議論とアクションを国会議員や政策担当者を巻き込んで試みようという話になった。

そこに集まったのは小塚尚男、宮崎徹、粕谷信次、佐藤紘毅、柴田武男、丸山茂樹、今野聰、里深文彦、小林幸治それに私だった。透明な市場社会をめざす論者もいれば新たな協同組合を強調する論者もいた。市民がつくる政策調査会と市民セクター政策機構の役職を兼任している小塚尚男がプロジェクト座長になった。私には企画事務局の役割がまわってきた。ちょうどワーカーズ・コレクティブ法制化のロビー活動にかかわっていて、改革の時代にはよりわかりやすい経済政策論議と「市民・協同セクター」形成の必要性を痛感していたのでひきうけ、市民政調の小林さんとで事務局役割を分担しあった。研究会の進

回	テーマ	ゲスト	コメント
第1回 02 3/26	社会的経済とは	宮崎　徹（国民経済研究協会）	里深文彦（前武蔵野女子大学） 丸山茂樹（日本協同組合学会員）
第2回 5/29	日本のＮＰＯの現状とセクター形成の展望	山岡義典（日本ＮＰＯセンター）	牧野昌子（千葉ＮＰＯクラブ） 小林董信（北海道ＮＰＯサポートセンター） 薦田美智子（ＮＰＯ アビリティクラブ）
第3回 7/17	農業危機と地域再生―地方における「社会的経済」の必要性―	桜井　勇（全国農業協同組合中央会（ＪＡ全中）地域振興部長）	今野　聰（前協同経営研究所） 丸山茂樹（日本協同組合学会員）
第4回 9/25	グローバリゼーション下の「社会的経済」	粕谷信次（法政大学経済学部教授）	藤木千草（東京ワーカーズ・コレクティブ協同組合） 佐藤紘毅（市民セクター政策機構主任研究員）
第5回 11/5	これからの生協の共益・公益活動	藤岡武義（（財団法人）生協総合研究所専務理事）	橋本吉広（地域と協同の研修センター事務局長） 近藤惠津子（生活クラブ東京・副理事長） 石見　尚（日本ルネッサンス研究所代表）
第6回 12/25	ヨーロッパ社会的経済の新しい動向	宮本太郎（北海道大学教授）	里深文彦（前武蔵野女子大学教授）
第7回 03 2/17	労金の活動と地域再生に向けた非営利金融のあり方	町田有三（中央労働金庫 東京地区本部 副理事長）	柴田武男（聖学院大学教授） 一色節子（女性信用協同組合〈準〉）
記念フォーラム 3/28	地域社会における共助システムの構築へ	鷲尾悦也（全国労働者共済生活協同組合連合会（全労済）理事長）	ディスカッション パネリスト／粕谷信次（法政大学教授／社会的経済ＰＴ） 堀内光子（ＩＬＯ駐日代表） 鷲尾悦也（全労済理事長） 仙石由人（衆議院議員）

め方として研究者と実践者が交互に報告する形でのプロジェクトを進めることになった。

今回の話はこのときの公開プロジェクトでのゲストの発言を中心に組んでいる。コメントいただいた全員の記録にはなっていないのはひとえに手薄な事務局の非力のせいで、頁数の関係からも割愛させていただいている。

第一回目の会合で、基本的な議論の方向性があきらかとなった。宮崎徹さん（国民経済研究協会）が富沢賢治・川口清史編の『非営利・協同セクターの理論』

(日本経済評論社)の先行研究を踏まえつつ「もつとクリアな分析を」として次のように指摘した。先行研究その後の市場主義を経てのガバナンスの変化と失業者など社会の中への再包摂論議として浮上していること、未来の視点からは循環型社会や定常化社会との関係、そして社会関係資源への現代的な着目等に触れて議論する必要性などであり、最後にボランタリー経済と公正な市場経済が補完しあう関係の社会をイメージとして提起された。

第二回会合で、山岡義典さん(日本ＮＰＯセンター)が市民セクター形成に向けた法制度についての話の中で「民による公」の制度として民法34条のなかに「営利を目的としない法人については別に非営利基本法によって定める」ことを提言、その際、協同組合について、34条のなかに「別途非営利基本法と協同組合基本法」とするか、あるいは「非営利基本法の中に協同組合原則を全部書き込む」か、いずれにしても21世紀型の見取り図を提起された。しかしこの山岡氏の協同組合を含めた基本構想は、政府の行政改革推進事務局によって、ものの見事に換骨奪胎されて、ＮＰＯ法の発展的解消と原則課税、協同組合分野を削ぎ落とした形で「公益法人改革」の名で出され、ＮＰＯ側の怒りを買う形で飛び出してきたのは記憶に新しい。率直に言ってここにあるのは、日本の場合、労組・協同組合・共済・労金など本来、自らの事業領域だけでなく協同して社会的経済をフォローする団体の意識の希薄さと、ＮＰＯや市民事業、ワーカーズ・コレクティブや共働事業所などの連帯経済を作り始めている小集団間の横の絆の弱さ、多元的で協同しあって「民による公」創出が共通項になっていないことである。ここを突いて、「公による民」、いや「官による民」つまり官治型の公益法人を21世紀に生き延びらせようとする勢力の対応のす早さとすごさである。

第三回会合は、桜井勇さん（ＪＡ全中地域振興部長）から厳しい経営改善と合併の中の農協の中で、新しい可能性を拓きつつある農村ワーカーズの動きが紹介された。第五回では藤岡武義さん（生協総合研究所専務理事）から成熟段階に入った生協の福祉活動やアジアへの自立支援の活動が紹介された。ＮＰＯの地域的展開については千葉の堂本県政下の報告を牧野昌子さん（千葉ＮＰＯクラブ）から、また困難な法制化運動のもとでも生き生きと活動するワーカーズ・コレクティブについては藤木千草さん（東京ワーカーズ・コレクティブ協同組合理事長）に具体的に加筆してもらった。

第四回会合で粕谷信次さん（法政大学経済学部教授）は、「グローバリゼーション下の〈社会的経済〉」と題して、福祉国家における国家の失敗と新自由主義の市場の失敗を踏まえて、現在は「民主主義の民主主義化の時代」を迎えているとして、アソシエーションを基礎とした市民的公共性によって社会的経済ベクトルと、コミュニケーション的理性の浸透によって市民的公共性ベクトルを拡充する時代を描くとともにそのグローカルな様々な段階の市民の重層的な公共性を指摘された（『社会運動』273号掲載）。氏はその後プロジェクトの議論の深化を踏まえて法政大学経済学部の『経済志林』(Vol.70,No4）に詳細な発展的展開を行なった。それを掲載するには長文のため、記念フォーラムでも氏にプロジェクトを代表して概括してもらったが、その直後、カナダのブリティシュ・コロンビア協同組合学研究所のマクファーソン所長がＩＣＡと共催した６月の研究者フォーラムにあてた生活クラブでの講演録をここでは収録した。

第六回会合の宮本太郎さん（北海道大学教授）の「ヨーロッパ社会的経済の新しい動向」における社会的排除と社会的包摂をめぐる生々しい現状報告と社会的企業の展開、とりわけ人の人生における架橋についての紹介はその後のプロジェクトの議論に大きな刺激を与えた。それは労働市場を真ん中にして４つの橋がかかっているのであるが、21世紀は労働・失業・教育・家庭・退職として描かれているそれぞれの世界が双方向性を持ったものとしてどのように行き来自由に架橋するか、それが循環型社会や定常化社会を具体的に描くヒントではないかとして話題になった。

第七回会合は、新しい地域事業にはなくてはならない資金問題を論じるために、町田有三さん（中央労働金庫東京地区本部副理事長）の胸を借りて柴田武男さん（聖学院大学教授）の辛口の批評と女性信用組合（ＷＣＣ）の設立運動をすすめる神奈川の一色節子さんの報告をうけ、金余りの中で地域はどんなに小さな資金を無数に必要としているかの一端を明るみに出した。

そして年度の締めくくりとして、市民がつくる政策調査会の総会の中で記念フォーラムをもった。

鷲尾悦也さん（全労済理事長）が「地域社会における共助システムの構築へ」と題して、小泉内閣の「公助というシステムが動かなくなってきているから、すべて自助でやれ、という流れに対する対案を」と講演、これに絡んでパネリストから提起があった。

堀内光子さん（ＩＬＯ駐日代表）はグローバリズムについて、政府・民間・国際機関の見直し、中でもＩＬＯの「新協同組合勧告」とディーセントワークの重要性にふれた。仙谷由人さん（衆議院議員・民主党経済財政ネクスト大臣）は、日本を毒している「官益法人社会」を批判、また、中央集権的な資源配分構造、分権なき思想、お金を貸す機能を失った金融機関、労働市場政策のなさをあげ、官が寄生虫のようにたかる構造の打破の優先を強調した。

記念フォーラムの後、世話人メンバーで中間総括をおこなった。３つのことを確認した。1)メンバーの粕谷さんの論文が『経済志林』(法政大学刊）に発表され多方面で議論が続いたことやカナダの協同組合の「研究者フォーラム」に資料として送ったこと、2)日本の社会的経済の諸組織からひとわたりヒアリングができ、自立型の新しい諸集団からのコメントと合わせ、公開プロジェクトとしては７回とも30人前後の参加者があったこと、3)本来目標としてきた「社会的経済促進」という政治面では進展はなかった、と。そして議論の記録として出版をおこなうことを決めた。

私たちの試みは空振りなのだろうか。そのことにめげず活動は継続している。フランスの社会的経済の研究家エリック・ビデさんが７月に来日、日本での取り組みを聞きたいというので、生協総研の栗本昭さんを煩わして意見交換ができた。フランスでは新世紀に入って「アソシエーション一般法」によって70〜80万のアソシエーションが登録されたが、その中での経済アソシエーションは10万、推定100万人がこの事業で働いているという。生活クラブグループで訪れた「協同組合の旅」で、フランスでは01年５月に「公益のための協同組合法」（ＳＣＩＣ）も成立していた。つまり非営利事業が多様な仕組みで市民が自由につくれるようになっている。

この本ができる頃には、メンバーの佐藤紘毅さんが尽力して共同連の20周年にイタリアの社会協同組合Ｂ型のローマの連合組織コインのマロッタ理事長が来日し、国会や都庁でも歓迎市民集会がもたれる。この分野での進展はこれからが出番なのだ。

「公益法人改革」の迷走の中で、ＮＰＯと新しい協同組合が、市民がつくる新しい公共のさまざまな場で出あう次のステージを期待したい。

社会的経済の促進に向けて
「社会的経済」促進プロジェクト・編

2003年 9月15日　初版第1刷発行

企　画　小塚尚男
編　集　柏井宏之
制　作　ルート企画
発行者　川上　徹
発行所　同時代社
〒101-0065 東京都千代田区西神田2-7-6
電話03-3261-3149　FAX03-3261-3237
印　刷　互恵印刷㈱

ISBN4-88683-508-2